まんがでわかる

オーナー社長のM&A

Mergers and Acquisitions for owner president

日本M&Aセンター常務取締役
大山敬義［著］
八木《やぎ》ふたろう［まんが］

すばる舎リンケージ

まんがでわかる オーナー社長のM&A

目次

おもな登場キャラクター

結城《ゆうき》 麗奈《れいな》

短大卒業後、東京の食品メーカーに勤めているOL。27歳。明るい性格で社内の男性の人気も高いが、若干天然が入っている。一方で父親譲りの芯の強さもあり、星ノ川酒造を残すために、何がベストなのかを、真剣に考え行動するひたむきさもある。先日、会社の先輩でボーイフレンドの仲川裕太からプロポーズを受けたばかり。

結城《ゆうき》 幸太郎《こうたろう》

娘とは好対照の頑固親父。60歳。星ノ川酒造の6代目社長。5代目の急死により、39歳で社長となる。以来仕事一筋で、麗奈の幼少期は父親の記憶がほとんどないほど。あまり人の話を聞かない性格のため、M&A進行上もたびたびトラブルになるが、やがてその真髄に気づき、最後は熱い想いで自身の会社を託す。

仲川《なかがわ》 裕太《ゆうた》

麗奈の会社の先輩であり、ボーイフレンド。29歳。東京で一流大学を卒業後、麗奈と同じ食品メーカーに勤務。会社では経営企画を担当し、若くして重要なポストを任されている。本社異動を機に麗奈にプロポーズ。困っていた麗奈にM&Aを提案するなど、一貫して麗奈を支え続けている。

井上《いのうえ》 義一《よしかず》

中堅M&Aコンサルタント。31歳。既婚者で2児の父。私語は子供の話が多く、M&Aも結婚にたとえて話す。見かけによらず情熱家かつ酒豪で、幸太郎との日本酒談義で夜を明かし、幸太郎の心のわだかまりを解きほぐした。打ち解けた後は、幸太郎から「若センセイ」と呼ばれ、本人もそれを受け入れている様子。

※このまんがはフィクションです。登場する人物・企業・団体名などは、すべて架空のものです。
※本書の内容は2017年1月時点のものです。

Chapter

1

結婚？
それとも社長？
事業の承継って
こんなに大変！

ここも変わってないなぁ…
もっとも東京に出るときはこんな乗り物《新幹線》なんて無かったけど
父さんが倒れたって！
でどうなの容体は？
うん…うん？絶対安静!?
親族は一度集まった方がいいって先生が!?
明日？それは無理よ会社に休暇をもらうのだって手続きいるんだし…
うん…週末なら大丈夫かな分かったじゃあ切符は予約しておくから…うん…
それじゃ
タップ
裕太の声が聞きたいな…
プルルルルッ
はい！もしもしレイナか？どうしたこんな夜中に…？

裕太…ごめんね寝てた？
そうよかった…
…………
レイナどうした？何か心配事でもあるのか？
う…ううんなんでもないちょっと声を聞きたくなっただけ
そうかならいいんだ…
ちょっと驚いたぞ こんな時間に元気ない声で電話してくるから婚約破棄でもされるのかと思った
何か本当に心配事があるなら今は言えなくてもいつかは言ってくれるな？
でないと俺が心配だから
うん大丈夫だから……うん うん
それじゃおやすみなさい
確か…母さんが迎えに来てるはずだけど…
母さん…！
よっ久しぶりだな
何やってるのよ父さん!!

絶対安静なんじゃなかったの!?
お大声を出すな！身体に響くだろが…
絶対安静？誰が？俺が!?
だーれがそんな事言ってんだ？
でも倒れたって…
倒れはしたさでも2日ほど入院して点滴うったら…治った！
……はぁーまぁなんだ乗れ？
あうん
でどうだ？東京の方は
あ…うん大丈夫だよ仕事もちゃんとやってる
なんだか拍子抜けしちゃった
ほんと母さんにも困ったもんだなハハハ…
ふぅ…で本当に何ともないの？
まぁなだけどもう俺には…あいやこの話は家に着いてからにしよう
……？

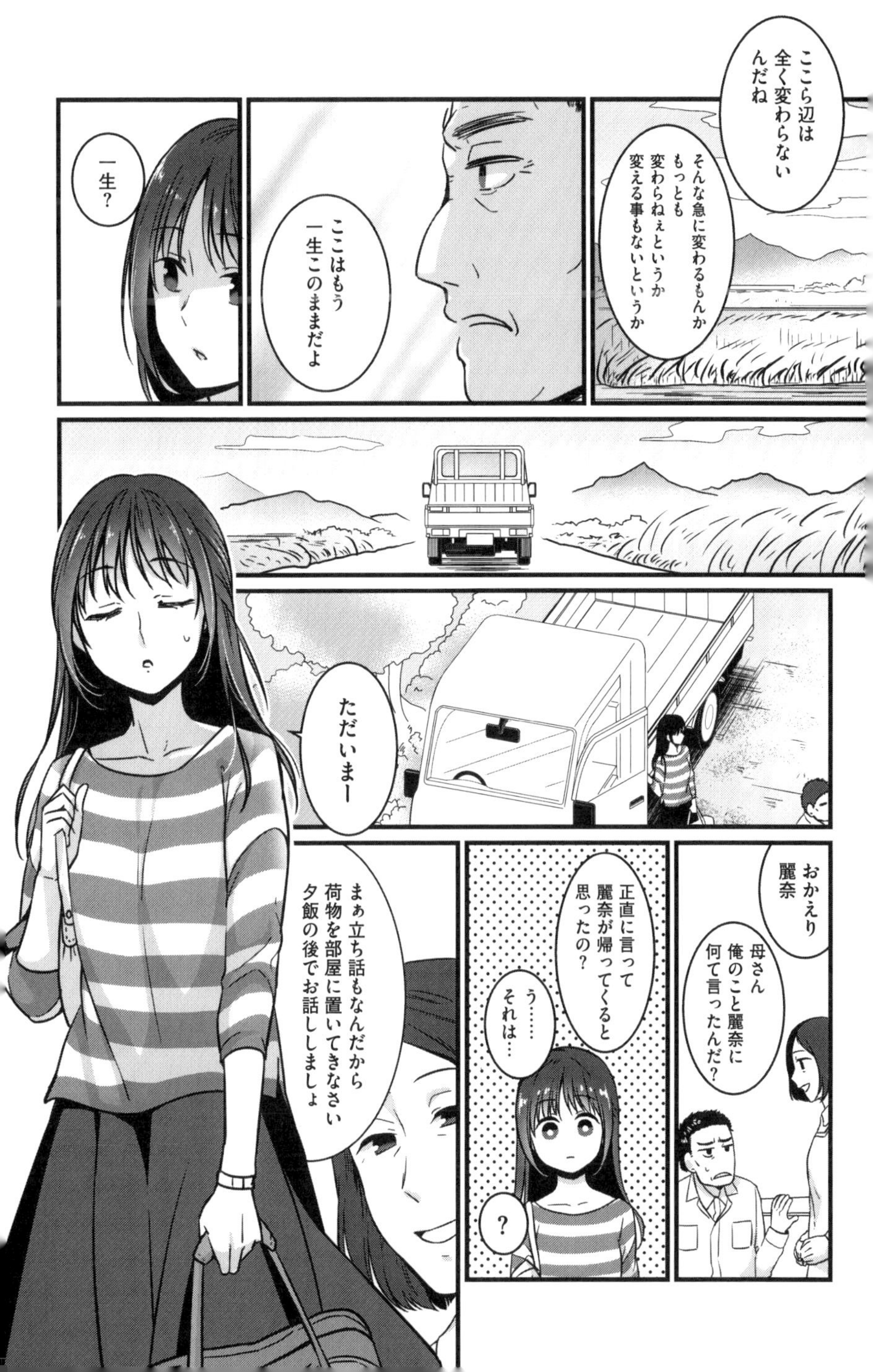
ここら辺は全く変わらないんだね
そんな急に変わるもんかもっとも変わらねぇというか変える事もないというか
ここはもう一生このままだよ
一生？
ただいまー
おかえり麗奈
母さん俺のこと麗奈に何て言ったんだ？
正直に言って麗奈が帰ってくると思ったの？
う……それは…
？
まぁ立ち話もなんだから荷物を部屋に置いてきなさい夕飯の後でお話ししましょ

……
変わってないんだ
あぁ美味いなぁ
こうして麗奈と一緒に
俺が造った酒を飲むの
夢だったんだよな
ちょっと何よそれ
身体の方は
もう大丈夫なんだから
最後の晩餐みたいな事
言わないで
最後……か
トン
医者には
酒は控えるようにと
言われてるんだけど
麗奈と飲めるこれが
最後の酒になるかも
しれないから今日だけ
母さんの許しを
もらったんだ
な 何よそれ
…そんなに悪いの?
身体の方は何でもねぇ
だがな…
俺の店『星ノ川』がもう
…な
どういうこと?
言いにくい事なんだが
麗奈
お前は女だ
な 何よあらたまって
そうよ女で悪い?

悪いってわけじゃねえ
ほら お前の彼氏
なんつったかな…
うまくやってるのか？
裕太とは仲良く
やってるわよ
まだこっちに
連れてきたことは無いけど
もう少しお互いに
落ち着いたら
ちゃんと挨拶に来させるから
……そうか
裕太は
私と同じ会社で
評価も高いんだから
安心して
裕太くんは
その…なんだ
今の仕事を変える
つもりは…
ないんだな
当たり前じゃない！
頑張ってるんだから
そう…だよなぁ…
麗奈もそうだよな
そ そうよ！
父さん
言いにくいことも
ちゃんと聞いて
あげるから！
何なの話って？

実は『星ノ川』を畳もうと思ってるんだ
畳むって…？
もし…もしだ あわよくば麗奈がこの『星ノ川』を裕太くんと一緒に継いでくれたら……なんて
期待もしたりしたんだが今の話を聞くと麗奈も裕太くんも東京でちゃんと自立してるしな
帰って来いって言ってるの？
そ そうじゃない ただ可能性の問題として…だな
…このままだと跡取りもいないし借金もあるし俺の代で畳むしか道はないんだ
借金…て
それに…な 最近は売り上げも右肩下がりだし酒造りの設備も老朽化してるんだ修理維持するには金もかかる
酒
俺ももう歳だ なかなか思うように身体も動かねぇ
今はこうしてるけど倒れた直後は立ち上がるのもやっとなぐらいだったのよね

そうだったんだ…
麗奈 お前には東京で夢があるんだろ
裕太くんとの件もある
お前は東京で夢を追い続けろ
わ私にも何か出来ることって…
ねぇな
跡を継ぐ気はないし
酒蔵の娘のくせに
日本酒の造り方なんて
全く知らない
両親が永遠に
この酒蔵を守るという
有りえない幻想に
自分の夢が寄りかかっていた
まぁ 想像通りの反応だったな

仕方ないわよ
親の負担を子に
押し付けることは
出来ないわよ
畳む…か
俺はもう爺さん達と
同じ墓には入れねぇな
○○商事が
△△物産を買
……いっそウチも
どこか買い取って
くれねぇかなぁ
ねぇ父さん
帰る前に少し
この辺りを見て
みたいの
おおう
じゃ車出すか
そのまま帰るから
駅までお願い
それじゃ母さん
また帰るね
ん
いつでも
いらっしゃい
それじゃ
じゃあ行くか
うん

ここのお米が星ノ川のお酒になるんだよね
ああ ここのは食べる米だがもうちょっと先別の水田に酒用の米を作ってるのがある
小さい頃はよく遊びにきたもんよね
しょっちゅう泥だらけで帰ってきて大変だったがな
う……
そろそろ新幹線の時間じゃないのか?
あ… そ そうだね
じゃあ駅行くか
…うん お願いします
また帰るから
そんな無理せんでいい 裕太くんと仲良くな
そうだ！今度は裕太も連れてくるね！
……そうだな

『星ノ川』を残すには
誰かが跡を継がなきゃ
いけない……
裕太には言えないよね
こんな話…
なぁ
どうしたんだよ？
最近元気ないぞ？
…うん
ごめんね
悩みあるなら
話してくれよ
力になるから
私の実家の話
したことあったよね
覚えてる？
あぁもちろん
北陸で古くから続いてる
酒蔵やってるんだよな？
実は……お店を
畳むことに
なりそうなの
えっ!?
どうして？
お父さん
この前倒れたみたいで…
あ 今はもう
大丈夫なんだけど…
でも
歳のこともあるし
後継者もいなくて…
それに経営も
厳しいんだって
……今の世の中
景気のいい話なんて
なかなか聞かない
からな
1週間前 実家に帰ったの
その時にいろいろ話を聞いて
…お父さんがそう言ったんだ

あそれで最近元気がないんだな？
……ごめん
謝るなよ力になるって言っただろ？
…ありがとう
なぁレイナM&Aって知ってるか？
M&A？
そうニュースで聞いたりしたことあるだろ？
うん聞いたことはあるよでもそれって結局星ノ川を潰すことには変わりないんでしょ？
違うそれはレイナがM&Aを勘違いしてるだけだ

俺って経営企画担当だろ
通常の会社だとM&Aは経営企画が担当するんだけどうちみたいな中堅食品会社は中小企業のM&Aをけっこうやってるんだよ
だから経営者がいなくてM&Aを選ぶオーナー社長の存在はかなり知ってるし実際身近なことなんだこないだ買収した会社のオーナーとも仲良くビジネスやってる
M&Aは中小企業の発展や力を失いかけた老舗が存続するためにすごくいい仕組みになってるんだ
へぇ…
一度ご両親に話してみるといいんじゃないか？こういう道があるって示しておくのは悪いことじゃないよ
……うん
俺が今やりとりしているM&Aコンサルタントの井上さんっていう人がいるから話を聞いてみたらいいよ今度セミナーもやるって言ってたぞ
M&Aセンタ
井上

私は難しいことは
分からないけどね
だけど…星ノ川が残ることなら
いいことじゃないかしら
そう…なのかな
麗奈
星ノ川の大吟醸
『美麗』の由来って
知ってる?
ううん…
知らない
『美麗』はね
麗奈が生まれた年に
お父さんが仕込んで
完成させたお酒なの
え……?
そうなの?
お父さん
麗奈のためにも
一生懸命に世話をして
あの年のお酒はとっても
いいものに仕上がったわ
麗奈の成長を願って『美麗』
星ノ川酒造の
名前を背負うお酒に
お父さんがそう名付けたのよ

お母さん もう少し待って くれないかな？
私 調べてみるよ 裕太の言ってたM＆Aのこと ……もっと詳しく知って 星ノ川を残せるように 頑張ってみる！
…分かったわ くれぐれも無理は しないようにね
うん あこの話はお父さんには まだ秘密にしておいてね 絶対に反対すると思うから
経営者のための M&Aセミナー
大きな会場… もっと規模の小さい 説明会だと思ってたのに
でも大丈夫かな… 参加する人たち なんか社長っぽい人 ばっかり 私って場違いかも…
ううん！ しっかり話を聞かなきゃ 星ノ川の将来に関わる 事なんだから！

＊帝国データバンク「2016年 後継者問題に関する企業の実態調査」より

Chapter 1-1

M&Aって いったいどういうこと?

ある日気づいてみれば、実は自分の会社が存続の危機に立っていた!

そんな恐ろしい話が今、日本中のいたるところで起こっていることをご存じですか?

その原因は、会社を継いでくれる人がいないこと。

多くの中小企業で次の社長さん、つまり**後継者がいなくなってしまった**のです。

最近の調査では、後継者のいない企業は全国平均で66・1%、3社に2社が跡継ぎがいないという驚くべき結果が出ています(帝国データバンク「2016年 後継者問題に関する企業の実態調査」より)。

しかも、中小企業の社長さんが一番多い年齢はなんと66歳(中小企業庁「事業承継ガイドライン」より)。

こうなると、幸太郎さんのように突然倒れたり、はたまた仕事中にケガをしてしまったり。

いつその日がやってきてもおかしくはありません。

図1

中小企業の経営者年齢の分布（年代別）

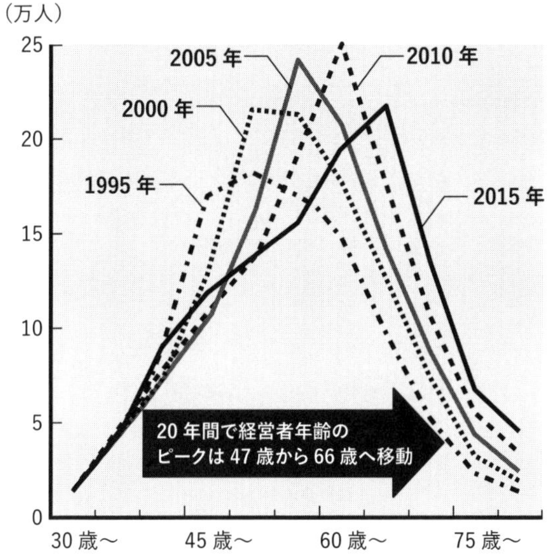

＊中小企業庁「事業承継ガイドライン」を元に作成

実は麗奈が経験したことは、今日本中で現実に起こっている出来事なのです。
でも、そもそも息子や娘が継がなくたって、社員が継承するという手もあるんじゃないの？
そうですね、たしかに「うちは工場長や営業部長が優秀だから、いずれ彼らに後を継がせるつもりだ」という社長さんもよくお見受けします。
しかし、実際にはそう簡単にはいきません。
会社を引き継ぐ次期社長さんには高い経営能力が必要とされるのはもちろんですが、それだけでなく、今まで社長さんが持っていた株式を買い取る資力も必要です。
それだけではありません。中小企業の社長さんは、会社の借入金のために自宅を担保に入れたり、個人で連帯保証したりすることもしばしばです。
だから、いざというとき、会社の借金を自分で返済するくらいの覚悟や事業に対する熱意も必要なのです。
そういう人は親族にも、社員にもいそうもない――。

そんなとき、もし自分や自分の子供に代わって、会社を継いで、そのままやってくれる人がいたとしたらどうでしょう。

会社は畳まずに、社員にも、取引先にも迷惑をかけずに済み、何より、今まで人生をかけてやってきた会社が、自分の後もずっと続くことになる。

それは、とても素晴らしいことではありませんか。

そうです。現代のM&Aとは、**親族の枠を超えた事業の承継**のことに他ならないのです。

Chapter 1-2

実はM&Aは誤解だらけ!

皆さんが、M&Aと聞いてまず思い浮かべるのが、「身売り」「乗っ取り」というイメージではないでしょうか。

やはり自分の会社を身売りしたくない、周囲から乗っ取りと言われたくない、というのは誰しもが抱く心境に違いありません。

でも安心してください。今どきの中小企業のM&Aには、身売りや乗っ取りなんてまずないのです。

そもそも身売りというイメージは、経営が悪くなって、借金も返せない、社員への給料も払えない、ということで仕方なく会社を譲渡していた大昔の時代のもの。

一方乗っ取りというのも、大赤字の会社の立て直しのため、社員のリストラや部門の閉鎖や取引条件の見直しなど、それなりに荒っぽい再建をしなくてはならなかった時代のイメージなのです。

実は、今はまったく事情が違うのです。

今どきのM&Aの最大の理由は、経営難ではなく、事業承継のためだということはすでにお話ししましたが、こうした会社は決して財務内容が悪くなって譲るわけではありません。むしろ黒字の会社が多いのです。

当然ですが、荒っぽいリストラをする必要があるどころか、せっかく利益が出ている会社に余計な手を加えて、業績が落ちては元も子もないという話になってきます。

その結果、**今と昔では、M&Aの手法や性格自体が大きく変わってきた**のです。

まず、多くの方は驚かれるのですが、最近のM&Aでは、ほとんど合併というのがありません。

だから会社はそのまま存続しますし、社員のリストラもほぼありません。取引先の維持のため、社名や所在地もそのままというケースも非常に多いのです。

要するに、今までM&Aに抱いていたイメージというのは、ほとんどが誤解、あるいは時代遅れの知識に基づくものだらけなのですね。

私たちから言わせれば、事業承継の選択肢として、M&Aを全く考慮に入れないのは、あまりにもったいない。

まず、本当のM&Aの姿を知った上で、自社に合ったベストな選択肢を選んでいきましょう。

レイナの、もっと教えてM&A①

『実は酒造業界も大変!?』

COLUMN

レイナ
「それにしてもお父さんの会社も大変なんだね。今まであまり関心なかったから考えたこともなかった」

裕太
「そうだね。最近は日本酒も見直されつつあるけど、最盛期には全国4000蔵以上あった酒蔵も今は1300蔵あまりで、それも毎年減っているんだ。だいたい毎年30蔵以上が廃業に追い込まれているといわれているね」

レイナ
「そんなに！　でもどうして？」

裕太
「主な理由はレイナのところと一緒でやっぱり後継者難なんだ。しかも酒蔵だけでなくて、造り手である杜氏《とじ》や蔵人《くらびと》の高齢化が進み、ほとんど後継者がいない状態にあるらしい。昔から日本酒は酒屋一代というように、杜氏や蔵人が変わると、同じ手順で作っていても味が変わるといわれていて、酒造りの技術がそこで絶えてしまうことも多いんだよ。

それと、やはり経営難の側面も大きいね。日本酒の消費量は全盛期の昭和40

年代半ばから比べて3分の1くらいに減っている。業界のほとんどが500石以下の小規模酒蔵なので、経営的には相当しんどいところが多く、設備の更新もままならないので、そのまま廃業してしまうことも珍しくない」

レイナ
「でも、この業界だって新しく始める人もいるんでしょう？」

裕太
「それが、なかなか簡単ではないんだ。酒造りは免許事業で、清酒は最低でも年間60キロリットル、つまり一升瓶にして3万3000本以上は生産しないと免許が下りない。この設備投資だけで1億円以上はかかるし、そもそもそれほど利益率が高い仕事ではないので、銀行の融資もなかなか下りないしね」

レイナ
「そんな！　じゃあどうしたらいいの」

裕太
「そこで注目されているのがM&Aなんだ。大きな資本力や販売力を持つ先や、新しい発想を持つ若い企業と手を組んで、老舗の酒蔵が立ち直るケースがある。単に造るだけではなく、一緒にレストランやバーを併設したり、高級品の頒布会を開いたり、あるいはワインのシャトーのように酒蔵そのものを観光地化するなど色々な新しい試みがされているんだよ」

レイナ
「自分ひとりじゃできないことを、他の人の力を使って実現するのもM&Aなんだね」

Chapter

2

会社を売っちゃうなんてとんでもない!?

父さん聞いて！星ノ川を残す方法見つけたよ！
な 何だ突然
残す方法…？

うん M&Aだよ！ 父さんも聞いたことあるでしょ？
M&A？ 企業の買収だか何だかそんなのだったか？
私 東京でM&Aのセミナーに行ってきたの！
そこで見つけたんだよ お店を畳まなくても済む方法！
……
……
そんなことができるかっ！
と 父さん…？

いいか
星ノ川はなぁ！
先祖代々
ウチが継いできた
大切な酒蔵なんだ！
それを
どこの誰とも知らない
人間に譲る!?
冗談も
大概にしろっ！
ビクッ
違うよ
話を聞いてよ
父さん！
大体なぁ
俺に相談もせずに
勝手なマネを
するなっ！
ここの経営者は
俺だぞっ！
それは…
分かってるよ
でも…
私は……
星ノ川は
俺の人生すべてを
注ぎ込んだ酒蔵だ！
俺の家族みたいな
ものなんだよ！

俺が
子供の頃から
今まで…
ずっと人生を
共にしてきた
場所だ！
それをお前は……！
お父さん
落ち着いて
身体に障るわよ
……
……
本当なのか？
え？
その……
M&Aってやつで
本当に星ノ川が
残るのか？

うん
だから父さん もう少しだけ 待ってくれない？
うーん… 難しいなぁ
http://www.xxx
単に条件の合う相手を 見つければいいってもの じゃないみたいだし …どうすれば いいんだろう
父さんは こういう事に疎いし 療養中のクセにすぐ 仕事したがるし…
私がしっかり しなくちゃ
やっぱり直接 話を聞いてみるのが 一番だよね
それでは こちらで少々お待ち 頂けますでしょうか
ぁはい ありがとう ございます
すみません お待たせ いたしました

いえ
……あ あなたは
セミナーの
ときの…！
M&A
コンサルタントの
井上です
ああ
2週間前のセミナーに
いらしてたんですね
私の拙い話を
聞いて頂きまして
ありがとう
ございました
いえ
そんな…
それで今回は
どのような
ご相談を？
えっと…
私の実家のことで
ご相談できたらと
思いまして
なるほど
確かにレイナさんの
仰る通り
このままでは
ご実家の事業の
存続は厳しいかも
しれませんね
……
まずは
レイナさんのお父様…
社長さんにお話を
伺いましょう
大丈夫です
お任せください
……はい

あ 井上さん お待ちしてました！
いやぁ いい所ですね
普段都会で生活していると こういう風景が羨ましくなります
そんな… 何もないただの田舎町ですよ
ここが星ノ川酒造ですか
歴史と雰囲気のある とてもいい酒蔵ですね
……
本日は お嬢様からご相談を受けまして伺いました 井上義一と申します

……
ちょっと父さん挨拶くらいしてよ！
俺は頼んでない俺の客じゃないんだから挨拶なんてする必要はないだろう
井上さんに失礼でしょ！
すみません父が失礼なことを…
いえそれより酒蔵を少し見学させて頂けないでしょうか？
え？
実はこういった歴史ある建物や事業にとても興味があるんです
今日は個人的にもすごく楽しみだったんですよ
それじゃ私が…

帰ってくれ
忙しいんだ!
父さん
ちゃんと話を
聞いて!
地元の米を使って
お酒を造って
いるんですよね
地域密着の仕事
素晴らしいと
思います
……
この仕込みタンク
醪《もろみ》造りの佳境
といった感じですか?
…アンタ
酒造りを
知ってるのか?
素人ながらに
勉強させて
頂きました
とても興味深い
仕事だと思います

こいつは仕込んで1ヶ月そろそろ絞りの時期のもんだ
なるほど長年の知識と経験が結晶となる瞬間ですね
日本酒の輝きはとても澄んでいて…
他のお酒にはない独特の美しさがありますよね
……
職人さんの気持ちがこもった輝きとでも言うんでしょうか
ひとつの工程も手を抜いたりしないこだわりの結晶ですからね
……アンタ日本酒飲むのか
いつも美味しくいただいています

若輩者ながら
最近になってようやく
少し違いが分かるように
なってきたところです
……ウチの酒
飲んでみるか？
違いが分かる
もんなら…な
え？
よろしいんですか？
はい是非
お願いいたします！
…そうか
こっち来い
大丈夫です
お任せください
社長さんと打ち解けるのも
私の仕事ですから

もしもし？
どう
上手くいってる？
どうなんだろう…
父さんすっごく
頑固だから
最初は難しいもんだよ
ずっと守ってきた
自分の会社を手放すなんて
そう簡単にできる
ことじゃない
井上さんは
M&Aの
プロなんだから
任せておけば
きっと大丈夫だよ
そうなのかな…
男同士って
単純なきっかけで仲良く
なったりするもんだ
案外もう
友達みたいになってたり
するんじゃないか？
友達って…
お父さんと井上さん
親子くらい年の差が
あるんだよ？
関係ないって
趣味や仕事の話が
盛り上がれば
すぐ友達みたいに
なるもんだよ

二人にしておくの
心配だから
そろそろ戻るね
ああ
上手くいくといいな
そう！
そうなんだよ！
いやぁ
若センセイは
話が分かる！
いえ
社長さんの腕が
確かだからです
こんなに
美味しいお酒
本当に初めて
ですよ
そいつは
生まれたてだからな！
そこいらの店じゃ
ちょっとお目にかかれない
もんだよ
あっはっはっ！
え なに…？
これどういうこと…？

おう麗奈
若センセイは
大したもんだぞ！
ははは
ありがとう
ございます
私なんて
まだまだ
若輩者ですよ
いやいや
アンタは
いい男だ！
アンタとはいつか
ウチの自慢の一品で
乾杯してぇな！
それは
嬉しいです！
これからも勉強
させて頂けますで
しょうか？
いつでも来てくれ
アンタなら大歓迎だよ
あっはっはっ！

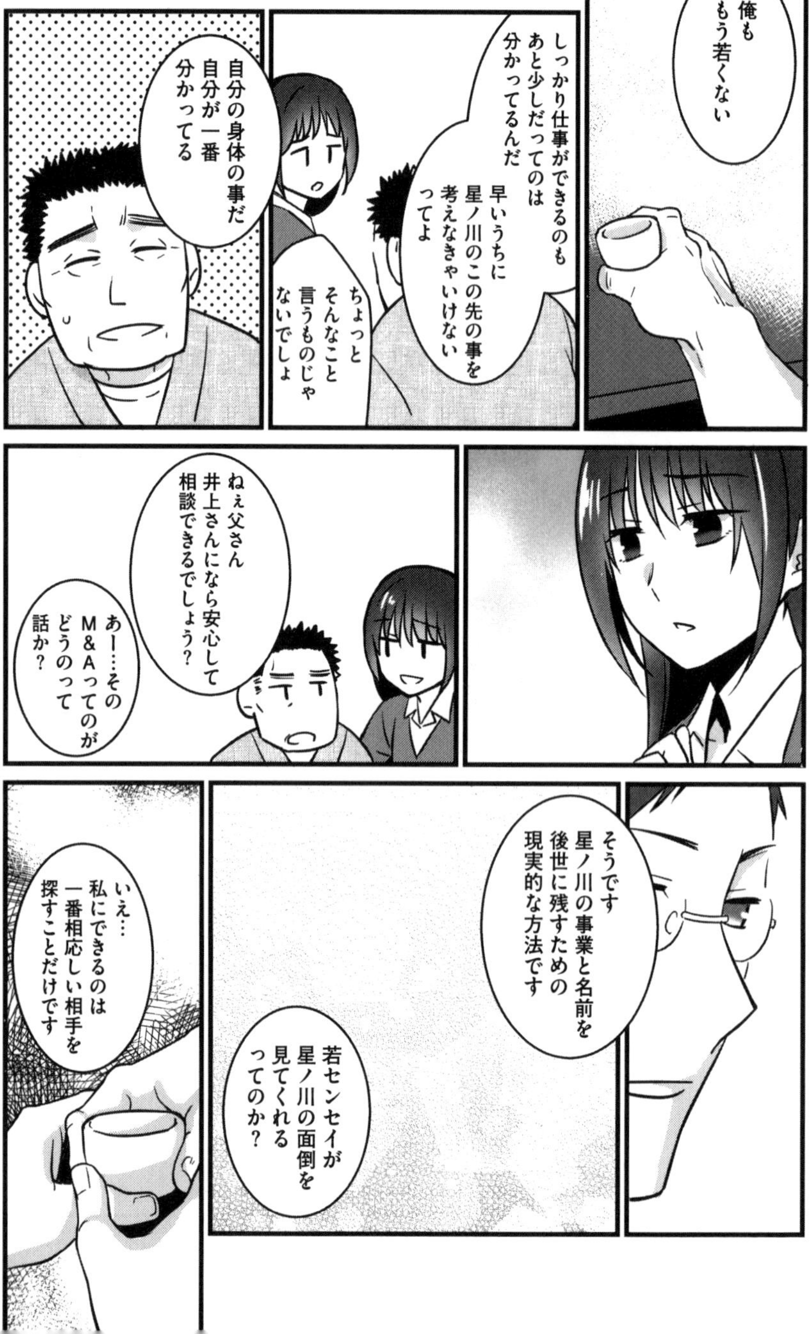
俺も もう若くない
しっかり仕事ができるのも あと少しだってのは 分かってるんだ
早いうちに 星ノ川のこの先の事を 考えなきゃいけない ってよ
ちょっと そんなこと 言うものじゃ ないでしょ
自分の身体の事だ 自分が一番 分かってる
ねぇ父さん 井上さんになら安心して 相談できるでしょう？
あー…その M&Aってのが どうのって 話か？
そうです 星ノ川の事業と名前を 後世に残すための 現実的な方法です
若センセイが 星ノ川の面倒を 見てくれる ってのか？
いえ… 私にできるのは 一番相応しい相手を 探すことだけです

社長さんが大切にしてきた
この星ノ川酒造をキチンと
受け継いでくれる相手
……これから一緒に
探しましょう
……俺は
難しいことは
よく分からん
私も手伝うよ
父さんが納得して
任せられる相手
頑張って探そう！
私も全力で
お手伝いします
社長さんの星ノ川を……
みんなで守りましょう！
……おう

Chapter 2-1

こんなにあるM&Aのメリット

それではもう少し突っ込んでM&Aのメリットを見てみることにしましょう。

まず、譲渡対価としてお金が（それも結構な金額で）残る。

たしかにそれもメリットの一つなのですが、中小企業にとってはもっと大事なメリットがあるのです。

それは事業の承継にあたって**最大の難関、「個人連帯保証」と「株式の相続」という2つの大問題が一挙に解決できる**ということ。

中小企業の経営者は、金融機関からお金を借りるために、個人の土地や建物を担保に入れることが多いのはもちろんですが（これを物上保証といいます）、それとは別に、会社が借金を返せなくなった場合、経営者個人で返済する、という約束をします。

これが個人連帯保証といわれるものです。

経営者が元気で、業績が好調のうちはいいのですが、経営者が高齢になったり、病気で倒れたりしたらどうでしょう。仮にそんなとき会社の業績が良くなかったとしたら……。

実は個人保証の苦労を子どもには味わわせたくない、という理由で、子どもや社員に会社を継がせることを躊躇する経営者はたくさんいらっしゃるのです。

では借金がなければ万事OKかというと、これもそう簡単にはいきません。

今度は株式の問題が重くのしかかってきます。

日本の中小企業のほとんどは社長＝株主、というオーナー企業ですから、そもそも会社を引き継いでもらうためには、社長の地位だけではなく、オーナーの地位、すなわち株式を買ってもらわなければいけません。

相続で株式が引き継がれる子どもならともかく、役員や社員にはその買い取り資金は重い負担になってのしかかってきます。

特にあまり借金がない優良企業なら、その値段も大変な金額になりますから、個人的な資産がない社員ではまず不可能なのです。

大変な中小企業の事業承継を一気に解決できるだけではなく、新しい経営者の下で、今まで一生懸命頑張ってきた会社が、さらに大きく発展する道が開ける。

これこそが中小企業がM&Aを選ぶ、何よりの理由なのです。

Chapter 2-2

M&Aの流れは〝昔の〟結婚と一緒!?

「事業承継のため、会社の発展のため、M&Aも考えてみよう！」

そう思い立ったのはいいけれど、経験も知識もないので、騙されたり損をしたりしそうで怖い、そう思われる方も多いでしょう。

しかしそんな心配は無用です。

今は、全国どこでもM&A専門家が仲介して、相手探しから交渉、難しい会計や法律関係の問題の解決まで一通りアドバイスしてくれますから、初めてでも難しいことはありません。ここで覚えておいてほしい大事なことは一つです。

それは、中小企業のM&Aの流れというのは、実は結婚をイメージするとわかりやすいということです。だからM&Aの専門家の最初の仕事は、結婚でいえば、その人の人となりをきちんと掴んで、一番気に入りそうな相手を紹介することです。

つまり企業の財務内容や事業内容、ビジネスモデルや内在するリスクまできちんと把握することなのです。このいわば婚活の準備を、M&Aの世界では**「案件化」**と呼びます。

いざ相手を探そうとしてみると、意外に候補が多いことに驚く人が多いと思います。

実は、売り手に対して圧倒的に買い手が多いのが、現代のM&Aマーケットなのです。

しかしぬか喜びは禁物です。これらの候補はいわばお見合い写真のようなもの。情報は多いに越したことはありませんが、真剣にお見合い（トップ面談）し、交際（交渉）できる相手は、一度に2～3社がいいところです。

その中に意中の相手がいれば、今度はその相手と結婚（成約）を前提に、環境を整えていきます（条件調整）。M&Aでは**「基本合意」**という契約を結び、ここから細かい条件を詰めていくのです。人間の結婚でいえば婚約のような状態だと思えばいいでしょう。

さて、婚約中というのは良くも悪くも相手の細かいところがわかってくるものですが、M&Aでは、この婚約相手だけに最終的な企業内容の精査、極端な話、伝票の一枚一枚までチェックする機会が与えられます。

これを**「買収監査」**といいますが、この買収監査を無事潜り抜け、互いの条件や将来へのビジョンなどの一致を見て、初めてM&Aは成約を迎えることになるのです。

ざっと流れをご説明しましたが、M&Aに要する期間は、早くて半年、通常は1年以上。そこまでには本当に様々なドラマが展開されます。

基本的な流れは一つでも、百社あれば百通りの展開があるのがM&Aなのです。

column 2

COLUMN

レイナの、もっと教えてM&A②

『売れる会社、売れない会社』

レイナ

井上

「お父さんがその気になってくれたのはいいんだけど……　だけど本当に売れるのかな、ウチの会社」

「なるほど。たしかにちょっと心配ですね。でも安心してください。本当は全く売れない会社なんてないんですよ。いい機会ですから一緒に考えてみましょうか。

①黒字であること。1、2期は仕方がないが、少なくとも3期以上赤字になっていないこと。

②借入金が通常の営業で弁済できる範囲であること。最低でも借入金の年商以下であること。

③まじめに経営していること。たとえば日常的に粉飾決算や不正経理をしていないこと。

④企業価値を大きく毀損する簿外負債がないこと。

⑤M&Aによってお互いに拡大する可能性がある組み合わせであること。

もちろん例外はあるのですが、私の経験から言うと、この5つを満たしている会社はまず相手がいると言ってよいでしょうね」

レイナ「なるほど。赤字になったら厳しいのは当たり前だよね。だけどM&Aでお互い拡大できるかどうかなんて事前にわかるのかなあ」

井上「そうですね、たとえば星ノ川さんだったらどんなところが強みで、どんなところが弱みだと思いますか？」

レイナ「よくわからないけど、たとえば強みは地元では老舗で、結構味にもこだわっているということかな？　弱いところはお父さんがあまり営業してないんで、売ってるところが少ない……とか」

井上「そうですね、では仮に営業力が強くて、販売できるいい商品を欲しがっている会社があったとしたらどうでしょうか」

レイナ「ああ、なるほど！」

井上「つまりこのようにお互いが一緒になってメリットがある組み合わせがあれば、基本的にどんな会社も売れる、ということなんです。こういう組み合わせを考え、探していくのがM&Aアドバイザーの腕が問われる、一番大事な仕事なんです。

成約実績は各社公表していますが、そのうち買い手の中で同じ企業がいくつあるのか聞いてみてください。その仲介会社が広く相手探しができるのか、特定の買い手企業にしかルートを持っていないのかが分かりますよ」

Chapter

3

M&A大作戦 成功の秘訣は事前準備!?

こそこそ
もう……！どうして実家でこんな泥棒みたいな真似しなきゃいけないのっ…！
ガサガサ
他に適任者がいないからって…！
私にこんなことさせるなんてっ……
これも全部父さんの管理が適当だから！
経営者のくせにどうして全然知らないのよっ…！
社長こんなに沢山の資料を一体何に使うんですか⁉
総務・経理部主任
加藤恵美
いいや…ちょっとな

先月の融資の件ですか？私は何も聞いてませんが…何かあったんですか？
あーその…ちょっとな
社長に任せておくのは不安です 明日 私から信金の南原さんに伺っておきますけど
いいやいや そうじゃねえんだ！
わた わた
実はな その…そう！娘が会社の状況を知りたいって言うから…な!?
レイナさんが？それはまた何故？
か 家族の事情ってやつだよ 俺も娘もいい歳だからと 備えとくに越したことはねぇだろ？
……そうですか しかしこれだけの資料を準備するのは相当時間かかりますよ
それに いくらレイナさんでも 用途をお聞きしないと
そ そうだよな！まぁ急ぎってわけじゃないから また娘とは話してみる！
気にしないでくれな ははは……！
…よろしいんですか？
あぁあ！仕事中にすまなかったな 恵美さん
父さんが変に意地張るから こんなことになっちゃうのよ…！
バレないように工作しながら探すなんて 本当に泥棒みたいじゃないのっ…！

あぁあった！取締役会の議事録！それからこっちは…株主総会の議事録かな？
こんなに小さな会社でも一応ちゃんと作ってるんだ
あとは決算書か…井上さんからは3期分必要だって言われてるんだよね
……ここには今期の分しかないみたいってことは前の分は倉庫かな？
えっと…どこにあるのかな
ビクッ
誰かいるんですか？
えっ!?
どうしてっ!? 警報のスイッチは切ったはずなのに！

な…
何をしているんですか!?
あの その
……ち 違うんです!
私 怪しいものじゃ……
えっと父が
ここの社長でして
その……
幸太郎さんの
娘さん…
ですか?
そ そうなんです!
わ 忘れ物を
したと言うので
私が取りに……
ははは…
それは大変でしたね

笑い事じゃありませんよ！本当に大変だったんですから
いえ失礼 確かに中小企業では今回のように資料が揃わないというのはよくあることなのです
幸太郎さんのように細かい資料の所在を知らない方が多いんです
むしろほとんどの場合がそうですね
従業員の方々に開示できない今の段階では資料の収集に苦労するのも仕方ありません
でもこの段階での資料集めはすごく大切なんです
それでこの後はどうすればいいんですか？
そうですね一番簡単なのは顧問の会計事務所から資料を集めることですね
え？でもそれじゃバレちゃうんじゃないですか？
相続対策を考えたいからとでも言えば大丈夫ですよ

実はM&Aの株価算定と相続税の株価算定は使う資料が非常に近いんです
法律的には会社の10期分の決算書を保管しなければならないことになってます
会計事務所は当然それを知っていますから相談すれば3期分くらいすぐ揃うはずです
それじゃあ私の苦労は何だったんですか…
もちろん会計事務所にあるものだけでは全ての資料は揃いません
レイナさんの努力は無駄ではありませんよ
残りの主要な資料の入手方法をまとめておきましたので後で確認してください
まだ残ってますもんね…
はぁ いつまで続くんだろ…
xxx.jp
最近は登記簿謄本などはネットで取得できますから
以前と比べて随分と楽にはなってますよ
でも こんなに大変なこと ……本当に必要なんですか？
と…言いますと？
社長同士が同意すればパッと契約成立って感じなのかと思ってました

いえ ここが一番
重要なポイントですから
何度も言いますが
ここで楽をすれば上手く
いきません
M&Aとは
企業と企業の結婚
なんです
どこの誰とも分からない
相手とは結婚なんて
考えられないでしょう?
…それはまぁ
確かに
そうですけど
ですから
事前の調査はとても
重要なんです!
学歴年収の詐欺なんて
言語道断です
そんなことをすれば
『詐欺師だ』なんて
悪評も立ちかねません
そこまでいかなくとも
例えば…趣味は音楽鑑賞と
聞いていて実は単に自分が
カラオケで歌うのが好きな
だけだったりしたら?
……確かに
ちょっと信頼感は
なくなりますよね

そうです どんなに細かい事でも それが後々大きな問題に なりかねません
企業としての意思や 価値観の相違を どれだけ縮められるか
M&Aの成功は ここにかかってきます
そのためには まず自身のことを詳しく 知る事です
そして自分自身のことを 相手に事細かに 伝えられるように することも大切です
幸せな将来を築くためには お互いをよく知ること そして末永く寄り添える ように譲歩し合うこと
いずれにしても 今やるべきことは 自分自身を知る事 なのです
幸太郎さん こちらが私の算出した 星ノ川酒造の評価額に なります
……………
父さん 十分な値段じゃない？ これならきっと——

ダメだ
え…？
ヤメだヤメ！
これじゃ
話にならんわ
若先生には悪いが
この話は無かった
ことにしてくれ
ちょっとどうして!?
悪い条件じゃないでしょ！
幸太郎さん
理由をお聞かせ
願えますか？
……これじゃあ
足らん
足りない
って…？
借金の返済だ
借金返すにゃあ
これでも足りん
星ノ川酒造は俺の家族だ
家の土地も酒造の土地も
全部担保に入れて
金を借りてる
設備投資ってのは
それくらいかかるんだ
それくらいしなきゃ
いい酒は造れん

幸太郎さん ご安心ください
あん？
この評価額は 幸太郎さんの不安を 全て取り除いた上での 額ですから
……どういう こった？
M&Aの評価額とは 資産と負債両方を継承 してもらった上での 価格なのです
先ほど幸太郎さんが仰ってた 担保の話や その他の借り入れのための 個人保証 …全てが外れます
つまり会社の借金 そのものだけでなく その連帯保証も 継承してもらった上で 1億1000万円という お金になります
…………

これだけの
酒蔵と設備ですから
プラス査定に働きますよ
そ そうか
そうなのか…
どかっ
娘に…
麗奈によ 借金だけ残して
星ノ川を潰すなんてこと
死んでもできねぇって
思ってたんだ
だから
若センセイには
本当に感謝してる
本当にありがとな
幸太郎さん 感謝なら
お嬢さんにしてください
私はお嬢さんから依頼を受けて
仕事をしているんですから
…恥ずかしくて
できねぇよ
んなこと
はは 分かりました
では私も今のお話しは
秘密にしておきます
ああ
そうしてくれ

先にお送りした資料と
今日持参した資料を併せて
……34社を相手候補として
絞り込ませて頂きました
こんなに沢山…
ええ
この候補リストは
『ロングリスト』と
呼ばれます
ここから
優先順位を付けて
順次当たっていく
ことになります
一応 目は通したけどよ…
俺にはどれがいいのか
サッパリだよ
父さん
みんなで考えようよ
そのために私も
井上さんも
いるんだから
考えるって
いってもなぁ…
私の方でも
ある程度は選別します
ですが最終的には幸太郎さんに
……星ノ川酒造の社長として
ご判断を頂きます
……
本当いろんな
企業があるんだね
酒
俺ぁ昔っから星ノ川一筋で
働いてきたからよ……
余所の会社の事なんて
本当に分かんねぇよ

今すぐに相手を決めようというわけではありません
将来を決める選択をするのに急いでも良い事はありませんからね
ここはダメだ ここの社長と会ったことがあるが気に入らねぇ
え？
それからここもダメだ ウチよりも経営で弱ってる酒蔵だぞ
幸太郎さんその調子です そうやって優先順位を付けていきましょう
え こんなに適当でいいんですか…？
企業と企業の結婚と言いましたが M&Aは最終的には人と人との繋がりです
好き嫌いはどうしてもありますよね どれだけいい条件の企業でもそりの合わない相手とは上手くいくはずもありませんから
1件ずつ一緒に見ていきましょう 分からない所は何でもお聞きください
はぁ… 大丈夫なのかな

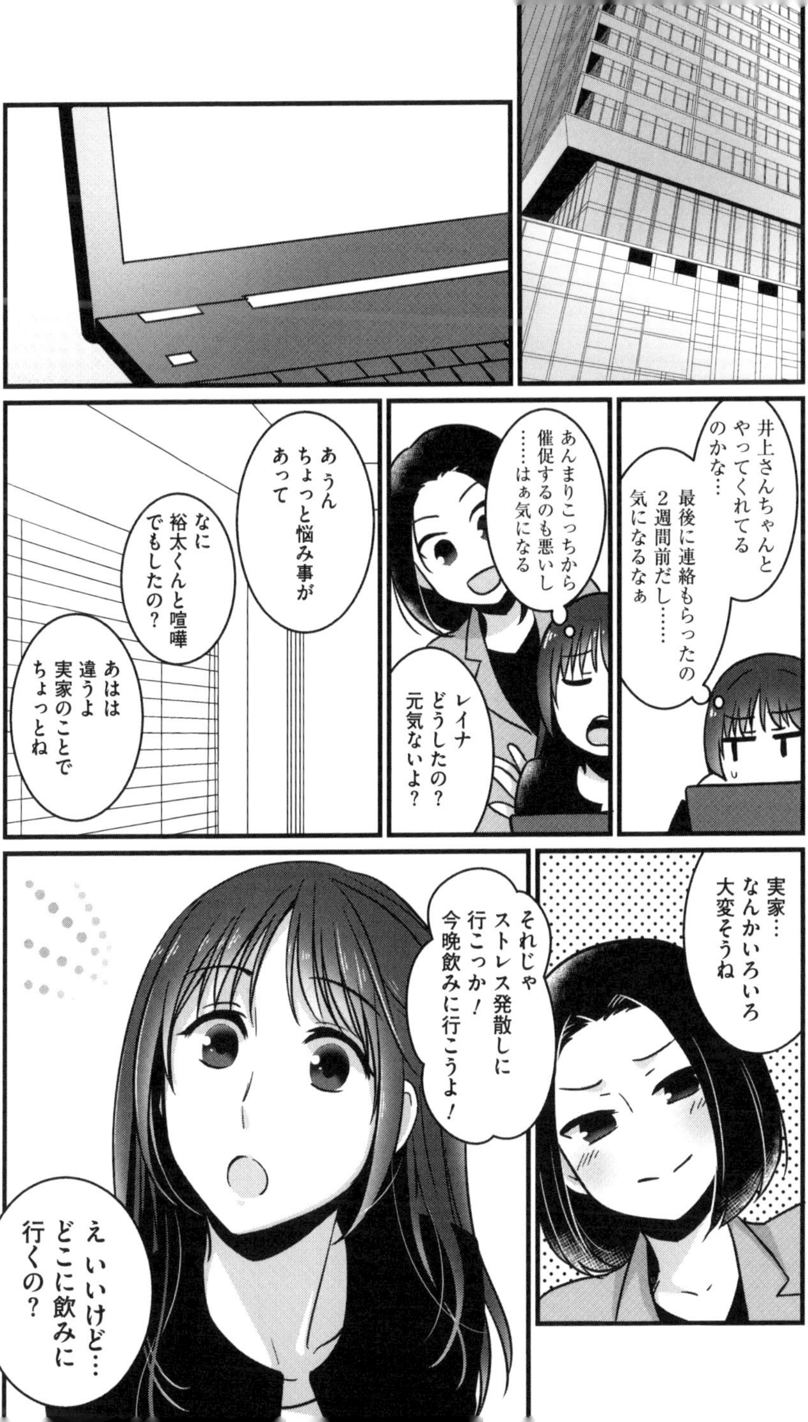
井上さんちゃんとやってくれてるのかな…
最後に連絡もらったの2週間前だし……気になるなぁ
あんまりこっちから催促するのも悪いし……はぁ気になる
レイナどうしたの？元気ないよ？
あぅんちょっと悩み事があって
なに裕太くんと喧嘩でもしたの？
あはは違うよ実家のことでちょっとね
実家…なんかいろいろ大変そうね
それじゃストレス発散しに行こっか！今晩飲みに行こうよ！
え いいけど…どこに飲みに行くの？

恵比寿にいいお店見つけたんだ！レイナも絶対気に入ると思うよ！
へぇーいいお店だね
でしょ？今度ここで合コンしようって話になってるんだ！
レイナには関係ない話だけどねーレイナ誘ったらあたし達が裕太くんに怒られちゃう
あははは…
これウチの……！
んどうしたの？
ここ日本酒が特に美味しいんだ！レイナ好きだったよね？
あうん…
つ…！……美味しい！
でしょー この『美麗』って特に人気あるんだって！

お店の人が言ってたよ ここのオーナーさんって 自分が気に入ったお酒しか 置かないんだって
厳選された味 ってやつ？
美麗
美麗
そりゃ美味しいに 決まってるよね
そうなんだ……
父さん こんなにすごいものを 造ってたんだ…
……星ノ川を 潰しちゃうなんて そんなのダメだよ
もし 相手が見つからなければ 私が星ノ川酒造を継ごう
酒

成功の秘訣〝案件化〟って何だろう

最初に言ってもらえばどうってことのないことなのに、後から急に言われて嫌な思いをしたことはありませんか？

たとえそこに悪意があろうとなかろうと、思ってもいなかった事実や条件が後から出てくれば、ビジネスでも友人関係でも信頼関係は容易に崩れてしまいます。

それだからこそ本当のM&Aのプロは、最初に徹底した調査をし、買い手に紹介するための資料を作りこむことを厭わないのです。

しかしこれはなかなか大変な作業です。そもそも中小企業で社内にきちんと資料が整っていることは滅多にないでしょうから。

いつそのときが来ても慌てないように、すぐにM&Aをという場合でなくても、日頃から資料だけは準備しておくことをお勧めします。

こうしておくだけで、いざというとき時間や手間がかからず、グッと楽になるのです。

（案件化のための資料収集のコツ）

①過去3期分の決算書・税務申告書類、直前6ヶ月の試算表などは日頃から手元に据え置くようにしましょう。最低限これだけあればなんとかなります。
②自社の所有する不動産の資料（権利書、登記簿謄本、公図、固定資産税課税明細書、建築確認申請書、建築確認済書など）もどこか一カ所にまとめておきましょう。自社がどんな不動産を保有しているのかさえわかれば、最新の謄本などはネット（登記・供託オンライン申請システム）ですぐに取得できます。
③実は退職金の手当の仕方はいくつもあります（中退共、養老保険、確定拠出年金など）。もし社員が退社したとき、あらかじめ手当をしておいた分では足りず、追加の支出がでるようなら、これは簿外の負債という扱いになるのです。簿外負債はM&Aで最も問題となる点ですから、いざというときに必要な退職金については、事前に知っておくことがとても大事です。
④会社の資料の多くは、総務の方などが管理していることがほとんどでしょう。いざとなったとき資料収集のために右往左往しないように、資料の置き場所をあらかじめそれとなく確認しておきましょう。
くれぐれもレイナのように深夜に事務所に忍び込んで確認しに行くなんて真似をしなくて済むように……（実際にあったことなんですよ）。

会社の値段って実はこういうことなんです

自分の会社って一体いくらで売れるんだろう？　誰でもとても気になりますよね。

でも、M&Aの現場では、不動産の相場のようなものがあるわけではないのです。ただ、実際問題として価格の目安がないとお互いに交渉のときに困ってしまいます。そこで最初に、このくらいなら売買できるだろう、という金額の目安を算定するのです。このステップを「企業評価」と呼びますが、あくまで目安であって、間違ってもこの値段で確実に売れる、とか逆に売らなければいけないというものではありませんので、注意してください。

さて、会社の値段というのは、多くの場合、会社の株価を指しています。

計算方法にはいろいろなやり方があるのですが、中小企業のM&Aで一番使われているのは、「時価純資産価額法」という方法です。時価純資産価額法は、ちょっと難しい用語ですが、会社の持っている資産・負債を時価に修正して、その差額、すなわち純資産の時価相当額を会社の価値とみなすという方法です。

しかしこれだけでは、問題があります。これでは利益の出ている会社も赤字の会社も、同じ値段になってしまうからです。そこで、収益力やブランド、技術など、将来見込まれる利益から現在の価値を逆算して、価格に追加するのです。これを「営業権」や「のれん代」などと言います。

ここで一つ大事なことを覚えておいてください。

M&Aで引き継がれるのは資産だけではないのです。負債や保証債務なども一緒に相手側が引き継ぐのが一般的です。

資産と負債を両建てで引き継ぐわけですから、その差額にあたる部分、つまり純資産相当額が現金で決済する部分となり、会社の値段になります。

もっと言えば負債というのは、借入金など帳簿に計上されているものだけではありません。リースだとか、退職金だとか、あるいは借入のために差し入れた自宅などの担保の差し換えや個人連帯保証の解除など、会社の一切合切の負債が全部M&Aの価格に含まれているということです。だから、M&Aで会社を譲渡した後、もらったお金で会社の負債を清算する、ということは不要なのです（M&Aの形態によっては必要なときもあります）。

逆に買い手の企業から見ると、たとえ株価がゼロ円であっても、借入金の継承や担保、個人連帯保証の差し換えができるだけの資力や信用がないと会社を継承することはできないということになりますから、注意が必要ですね。

column 3

レイナの、もっと教えてM&A③

『会社の値段を計算してみよう！』

COLUMN

レイナ

井上

「井上さん、会社の値段……時価純資産価額法でしたっけ？　あれって具体的にどういう計算方法なんですか？」

「そうですね。では簡単に説明しましょうか。たとえば、まず今会社にある資産や負債を、

①資産は〝もし今売ったらいくらになるか〟

②負債は〝もし今払ったらいくらになるか〟に計算しなおすんです。

たとえば、昔500万円で上場会社の株を買ったけど今売ったら200万円なら、時価は200万円ということになります。逆に退職金のように今は払う必要がないけれど、もし今払ったら多額の資金が必要な負債もあります。

このように一つ一つの勘定科目を個別に〝今売ったらいくらになるか〟〝今払ったらいくらになるか〟という観点で評価替えしていったものを、時価といいます。

そして資産と負債の差額に営業権をプラスしたものが一般的な会社の値段に

なるのです」

レイナ
「営業権ってなんですか？」

井上
「はい、収益力だったり、優良な顧客だったり、ブランドだったり、帳簿には載っていないけど売上や収益力の源泉になっているものですね。ただ形のないものですから評価の方法が難しいのです」

レイナ
「なにか大体の目安ってないんですか？」

井上
「うーん、あくまでも目安でしかないのですが、年買法という方法が分かりやすいかもしれませんね。
　計算は簡単です。その会社の実態収益力の3年から5年分を営業権と見なす、今後つまり3年から5年くらいは同じ利益が出ると考えて、その年月分収益力を先取りして営業権として買収対象にしようという考え方です。なにせM&Aは未来を買うものですからね。
　たとえば実態収益が１５００万円なら×3年で４５００万円を営業権としてとらえることになります。もし純資産が６５００万円なら営業権４５００万円を足して1億１０００万円が星ノ川さんの株価ということになります」

レイナ
「なるほど」

井上

「ただ、あくまでも目安ですから、実際のＭ＆Ａにあたっては必ず専門家の株価算定を受けるのを忘れないでくださいね」

Chapter

4

M&Aは結婚!?
運命の赤い糸

こちらが良い返事を頂いた企業の資料になります
どの企業も星ノ川酒造との契約を本気で検討しています 私がしっかり調査してきましたので間違いありません
しばらく連絡がなかったから心配してたが……調査に時間がかかってたのか
ええ 本気かどうかを量るためにはどうしても時間がかかってしまいまして申し訳ありません
まず 清月酒造 幸太郎さんもご存じかと思いますが同業の大手企業になります
……若センセイよぉ こいつはナシにしてくれって言わなかったか？

先方の熱意があまりにも
強かったので
可能性を残すという意味でも
最終候補の中に選びました
ただ
幸太郎さんのご指摘通り…
清月酒造の主目的は
自社ブランドの増産です
今回の大きな目的である
『星ノ川を残す』
という点では
条件に見合いませんね
じゃあここは本当に
最後の最後って感じの
候補ですか？
そうなります
ダメ元くらいに
お考えください
それから
こちらが2社目
ジャパンリカーです
ジャパンリカー？

ジャパンリカー 再生匿名投資組合という ファンドを経営している 企業ですね
……何やってる 会社なのか よく分かんねぇな
うん 私も聞いたこと ないなぁ
実績はあります こちらをご覧ください
ジャパンリカーは 販売ルートの開拓 人材の融通 杜氏の斡旋などを しています
幸太郎さん これらの点で お困りだったことは ありませんか
そりゃ毎日困ってるよ 人手も足らねぇし 売るためのルートも 限られる
手の回らない 回しづらい場所を フォローする 経営者の目線で よく考えられてると 思います
へぇ… こいつぁいいところだな

それから
観光酒蔵といった企画も
組んでいるようですね
観光酒蔵……ですか？
聞きなれない言葉ですね
観光客向けに
酒蔵を開放して
試飲をしてもらう
ツアー企画です
最近
若い方…特に女性の中で
日本酒人気は高まってます
地域活性化にも繋がる
いい企画ですよ
へぇ
ワイナリー巡り
みたいなものですね
そうですね
ワインセラーか酒蔵か
という違いだけです
……ん？
どうしたの？

若センセイ
ジャパンリカーの
最後の条件だけどよ
これはどうにか
ならねぇのか？
実は私もそこが
気になっていまして
私の方でも交渉はして
みたのですが……
現在の責任者が
当面は経営に従事する
……かぁ
これじゃあ父さん
引退できなく
なっちゃうね
ええ それから
借入保証に関しても
現状維持ということですから
これでは少し厳しい
でしょうね
じゃあ
どうしてここは候補に
入ってるんだ？

交渉の余地は
あるかと思います
先方の条件とこちらの条件を
擦り合わせて落とし所を
探るのも方法の一つです
たしかにベストな
選択とは言えません
ですが他の条件はとても
良好なだけに
候補から外すのは惜しい
かなと思いまして
保険みたいな
もんですか？
そう考えて
頂いて結構です
交渉の優先順位は低め
といったところですね
なかなか
上手い事いかねぇ
もんだな……
まだ諦めるのは
早いですよ
3社目の資料を
ご覧ください

富士見商店
業務用食品卸の
企業になります
商店？
そんな小せぇ所に
任せて大丈夫なのか？
商店と言うと
聞こえは小さく感じますが
富士見商店は年商30億円の
大手企業ですよ
さっ…
さんじゅうおくっ⁉
都内の
高級レストランや料亭に
こだわりの食品を
卸してます
富士見商店
食品の卸し…
ですか……
業歴も長く
業界に太いパイプを
持っている老舗の
業務用食品卸会社です
企業理念においても
星ノ川酒造と考え方が
一致しています
企業理念…
ですか？

優良なお客様向けに選ばれた食材を提供するこれが富士見商店の企業理念です
こだわりをもって生産されているものを理解あるお客様へ届ける簡単なようで難しいことだと思います
そしてもう一点
このところ自社で高級惣菜を製造するラインに力を入れている点もポイントです
自社ブランド製品の一環として日本酒のラインナップを希望しています
……つまりウチで造った酒を高級なモンとして売りたいってことか？
はいそういうことです
美麗

最後にもう1社
飲食チェーンを
展開・経営する
伊藤フーズです
メインは
『食彩百華』という若者向けの
居酒屋チェーン経営です
レイナさんはご存じで
しょうか
あ はい
友達と
行ったこと
あります
全国でも大きく展開を
始めている居酒屋です
安くて美味しいというのが
人気の理由ですね
お店の雰囲気も
親しみやすいし
気軽に飲みに
行けますよね
ええ
星ノ川酒造の日本酒に
触れてくれる若者が
増えることが
期待できそうです
……俺は
富士見さんみたいな
筋の通った味の分かる所が
いいと思う

え？
若者に人気とかいうチャラチャラした所には売りたくねぇな
なるほど…ははは……実は幸太郎さんならそう仰ると思ってました
へへっだろ？
大事なことは一緒になって本当に上手くいくかということです
特に重要なのは経営者がどのような考えで経営しているか…ですね
ある意味会社というのは社長を映し出す鏡みたいなものだと言えます
社長の人となりを見ればその会社のことはある程度察しがつくものです

あはは
確かにそうですね
父さんを見ればウチが
どんな酒蔵か
分かりそうです
あん？
どういう
意味だよ
そりゃ
そのまんまの
意味でしょ
頑固でカタブツ
って感じ
麗奈
お前なぁ！
まず相手と会ってみて
本当に一緒になって
いい相手かどうか…
じっくりと見極めてみては
いかがでしょう
まぁまぁお二人とも
そういう職人気質の方を
求めてる企業も
多いですから
トップ面談
一社目
ありゃ
ダメだな

富士見さんは大したお人だと思うがいかんせん俺より年寄りだ
そうだね…私もこの先任せるにはちょっと不安だったかな
挙句息子があの体たらくじゃあなぁ……先が思いやられる
やっぱりそう上手くいく話じゃねぇのか……
…うん
二社目のトップ面談
＜トップ面談式次第＞
星ノ川酒造
＆
伊藤フーズ
ご存知ないかもしれませんが実は私どもは以前から御社のお酒を少しばかり店に置かせていただいているのです
いや俺は何もしらねぇが…
えっ!?

こちらをご覧頂けますか？
私海外に住んでいた時期があるのです
え？
お恥ずかしい話なのですが……海外に出て初めて日本の食のレベルの高さに気付きました
日本酒の多種多様さその奥深さにもその時に気付きました
ずっと日本に住んでいて気付かなかった面に……私は大きな衝撃を受けました
そこで日本食の素晴らしさをもっと広めてやろうと帰国した後に食彩百華を創業したのです

……アンタ 若いのに大した もんだな
いえ 右も左も分からずに 始めたものですから
ははは… ここまで来るのに 相当苦労しましたよ
実は今 私どもは海外にもっと 日本食を紹介することに 取り組んでいます
海外に？
ええ 食彩百華はすでに海外に 4店舗を出店していまして 来月にはシンガポールに 出店の予定です
すごい…！ あのお店の雰囲気なら 海外のお客さんにも 絶対に受けますよ！

旭ノ酒造さんはご存知でしょうか？
あぁあそこはでけぇ酒蔵だからな当然知ってる
まだ国内でもそう売れてない時代にいち早くニューヨークに出られて大成功を収めています
へぇそれで大きくなったんですか
今では独自にプロデュースされた店舗を持ち世界約20ヶ国に輸出しています
……上手いことやったんだな

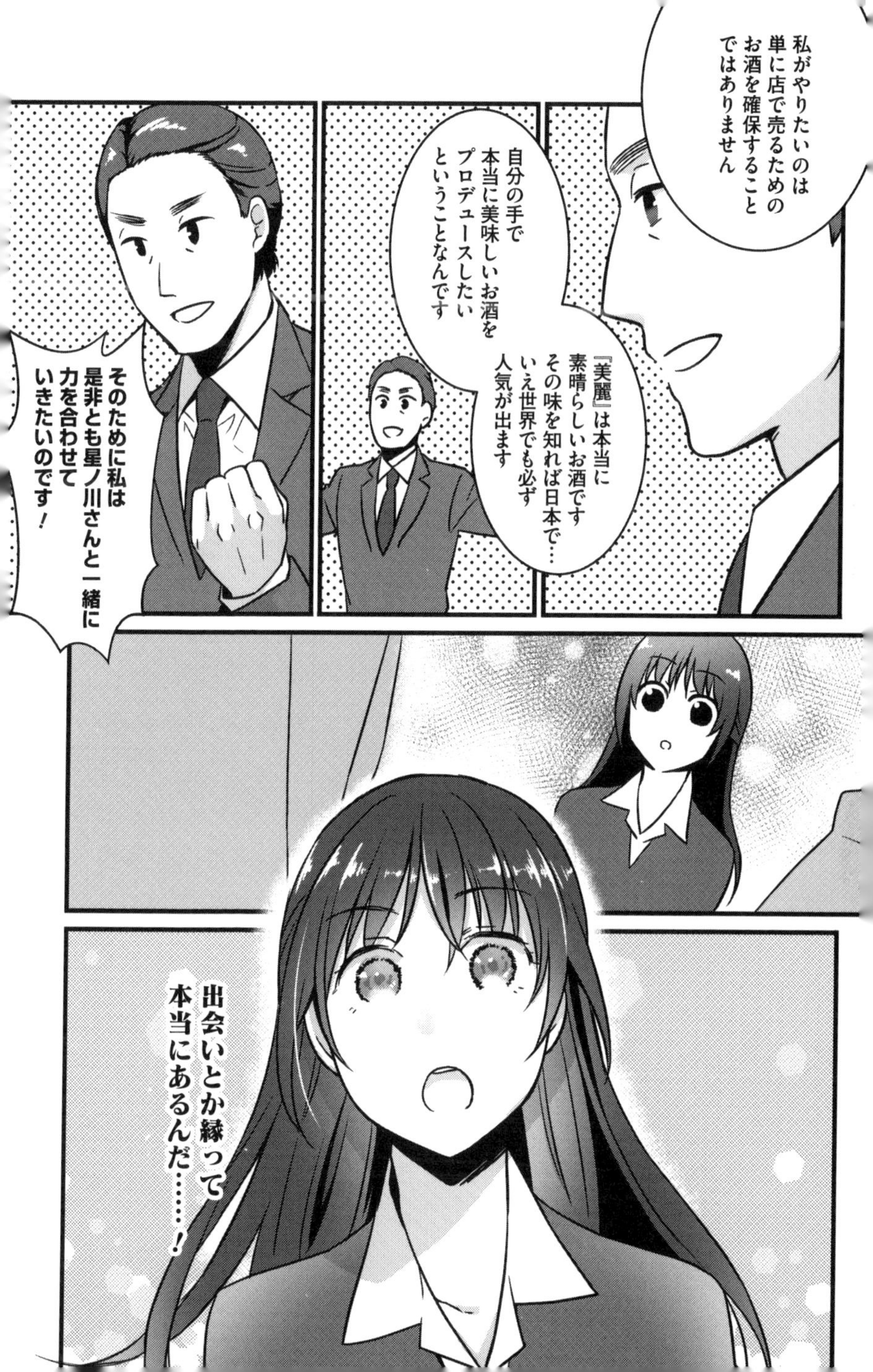
私がやりたいのは
単に店で売るための
お酒を確保すること
ではありません
自分の手で
本当に美味しいお酒を
プロデュースしたい
ということなんです
『美麗』は本当に
素晴らしいお酒です
その味を知れば日本で……
いえ世界でも必ず
人気が出ます
そのために私は
是非とも星ノ川さんと一緒に
力を合わせて
いきたいのです！
出会いとか縁って
本当にあるんだ……！

Chapter 4-1

M&Aで選ばれるのは実は買い手のほう!?

Ｍ＆Ａで会社を買ってもっと大きくなりたい。今そういう経営者が増えています。でもちょっと待ってください！　実際のＭ＆Ａの現場では意欲が空回りして、失敗する経営者が後を絶たないのです。

一番のポイントは、一般的にＭ＆Ａでは買い手のほうが売り手に〝選ばれる〟立場なのだ、ということです。そこを間違えるとどんなに意欲があっても伴侶候補として選ばれることはありません。

特に大事なのが、お見合い、ことトップ面談の場面。

トップ面談とは決して交渉の場ではなく、相手の経営者がどのような人物か、そして経営者を通じて相手の会社がどのような会社であり、自社にふさわしい相手なのかどうか、お互いに見極める場、だということです。

もちろん、こちらからだけでなく、相手からもそのように見られているわけですから、人間のお見合いと同様、立ち居振る舞いに最大限注意するのは当然のことです。

よくここぞとばかりに価格交渉をしたり、まるで公認会計士のように細かい数字を詰めるような質問をしたりする方もいますが、これはご法度。

交渉事というのは最後になればなるほど、お互いに悪いほうに目が行きがちになりますから、最初はとにかくいい印象を持ってもらったほうが上手くいくものなのです。

あなたが会社の買い手の立場なら、初めてのトップ面談のときは、ぜひ次のようなことを覚えておいてください。きっと上手くいくはずです。

(成功するトップ面談のポイント)

①不明な点はなるべく事前にクリアにしておくこと。限られた時間を質問タイムに使ってはいけません。当日相手方に聞きたい質問があれば、事前に伝えておきましょう。

②一回目は極力トップマネジメントだけで。技術や会計的なことなど、どうしても専門家を同席させたくなりますが、それはデートの場に第三者を連れてくるようなもの。

③偉ぶらない。買い手がへりくだること。買い手として大きな度量を見せることはマネジメントでも大事なことです。

④余計な駆け引きはしない。後日の価格交渉を考えてあえて興味のないそぶりをする方もいますが、これはM&Aを結婚ではなくモノの売買と考えている証で、最初に嫌われます。

Chapter 4-2

トップ面談を境にM&Aのステージが変わる！

トップ面談あたりを境にM&Aは新しいステージに入ります。

この時期、買い手に対しては通常「インフォメーションパッケージ」と呼ばれる詳細資料が手渡される訳ですが、当然どんな会社にも一つや二つ傷があるもの。

友好ムードのお見合いから一転して、そうした点をどのように扱うのか、ここから本格的な調整が始まるわけです。

また、経営マターであったトップ面談と異なり、買い手側ではここから**事務レベルの担当者が登場**してきます。

彼らは財務内容やビジネスモデル、技術、営業、社員などの詳細を検討し、最終的にどの程度まで投資が可能なのか、初期投資、追加投資の金額、シナジー効果など一つ一つ検証するはずです。

そしてそれらは究極的に価格や条件に落とし込まれていくのです。

ここまでのM&Aは〝お見合い〟という言葉に代表されるように〝企業同士の結婚〟と

いう側面を強調してきました。しかしここからは、価格交渉など〝ビジネス〟としての側面が一気にクローズアップされていきます。

このため、売り手からするとトップ面談までは非常に順調にいっていたのに、態度が慎重になってきた、突然重箱の隅をつつくような質問がたくさん来るようになった、と戸惑うかもしれません。

しかし必ずしもM&Aに対する態度が変わったわけではなく、検討のステージが進み、担当者レベルの細かい検討に入ったことを示しているわけですから、売り手のほうもむやみに不安に思ったり、**感情的にならず、あくまでビジネスとして、冷静に対応する**のがいいのです。

お互いにここで感情がもつれてしまっては意味がありません。

会社を買うということは、ある意味会社を興すことよりもずっと重い決断が必要です。家族まで含めれば何十人、何百人もの人生を引き受けるのですから。いい加減な気持ちではとうてい決断できません。だから最終段階に近づけば近づくほど買い手は慎重になります。

売り手もその気持ちを理解し、継承の不安を極力なくすよう協力する姿勢を示すことで、商談はずっとスムーズに進むようになるのです。

column 4

レイナの、もっと教えてM&A④

『教えて、上手なトップ面談の仕方』

COLUMN

レイナ　井上

「やっと相手の会社と会うところまできたけど……　何せお父さんのことだから心配だなあ」

「初めての席はやはり何を言っていいか緊張しますよね。だからトップ面談の席でどうしようかと迷ったら、人のお見合いと同じように考えて行動してもらったらいいんです。お見合いの席ではあまりネガティブなことは言わないですよね。特に真面目な社長だとついつい謙遜したくなるものですが、人間同士でも第一印象はとても大事です。最初はなるべくいい印象を持ってもらったほうが上手くいくのです」

レイナ　井上

「ふふ、ウチのお父さんなら間違っても謙遜しなさそう」

「次にトップ面談の流れですが、だいたい以下のような感じで進めることが多いです」

①売り手が上座、買い手が下座に座り、仲介者の進行でスタート。

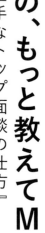

②買い手の社長の挨拶。どのような会社なのか、どうして今回買収を希望しているのか、M&Aはどのようにしようと思っているのかなどを簡潔に。
③売り手の挨拶。会社の紹介、特に創業からの歴史を重点的に。どうして会社を譲渡しようと考えたかという理由も忘れずに。会社のアピールポイントも必ず加える。
④質疑応答。工場などがあれば、あわせて工場見学も一緒に行うことが多い。
⑤工場などを見学した場合は、その後見学を踏まえての質疑応答。
⑥今後のスケジュールなどを再確認し終了。

レイナ
「見学会かあ。ウチの酒蔵って背広を着た人間が入ることなんて滅多にないし、怪しまれたりしないかな?」

井上
「ええ、社員にはM&Aのための見学だと絶対に悟られてはダメです。だから当日は極力限られた人数で行うようにします。もちろん社員との名刺交換などもなしです。見学の名目は、そうですね、新しく取引できるかもしれない相手を業界紙の記者、すなわち私に紹介してもらったので案内する、くらいでいいんじゃないでしょうか」

レイナ
「へえ。色々考えなきゃいけないんですね」

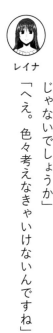

Chapter

5

誰か助けて！
M&Aの
トラブルって!?

トップ面談がおわり
伊藤フーズとの条件交渉に
奔走する日々
はぁ…本当
結婚って大変

裕太くんとの結婚の準備上手く行ってないんですか？
え？あぁそっちの話じゃないです伊藤フーズさんとのM&Aのことですよ
あぁそっちの結婚でしたか
井上さんがずっと結婚に例えるからすっかり染まっちゃいましたよ
でもしっかり資料集めて準備をしておいたお陰でどうにかなりそうです

私が口うるさく言って資料を集めてもらった意味わかりましたか？レイナさんはあの時うんざりしてたようですけど
う……バレてたんですか
時にレイナさん結婚する相手はどうやって一人に絞り込むと思いますか？
え？どうやってって……
？

例えば
結婚仲介サービスを利用して
お見合い結婚する時にも
順序というものがあるじゃ
ないですか
複数の相手との出会いを
やめるタイミングは
どこだと思いますか？
……井上さん？
普通は婚約
つまり結納ですよね
1
1
それ以降は
結婚することを前提として
一対一のお付き合いに
なるわけですね

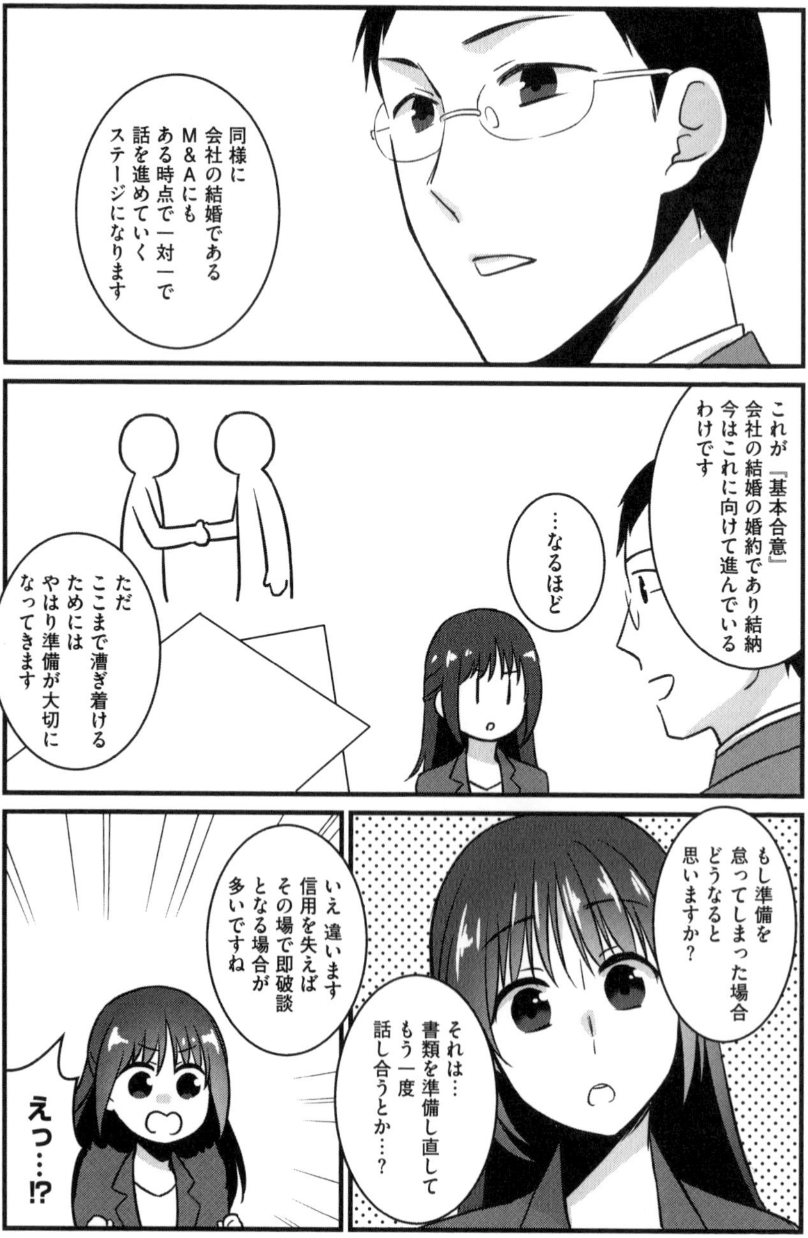

同様に
会社の結婚である
M&Aにも
ある時点で一対一で
話を進めていく
ステージになります
これが『基本合意』
会社の結婚の婚約であり結納
今はこれに向けて進んでいる
わけです
…なるほど
ただ
ここまで漕ぎ着ける
ためには
やはり準備が大切に
なってきます
もし準備を
怠ってしまった場合
どうなると
思いますか？
それは…
書類を準備し直して
もう一度
話し合うとか…？
いえ 違います
信用を失えば
その場で即破談
となる場合が
多いですね
えっ…!?

基本合意直後に行なわれる買収監査は買い手側に立つ専門家が行ないます
買い手から依頼を受けているわけですからその専門家は可能な限りリスクを洗い出せるようしっかり目を光らせるわけです
それはどうしてなんですか？今まではそんな厳しいことって……
M＆A成立が現実味を帯びてくる段階だからということです
ただし事前に準備していれば相手側からどのような指摘を受けてもきちんと答えられます
きゅっ

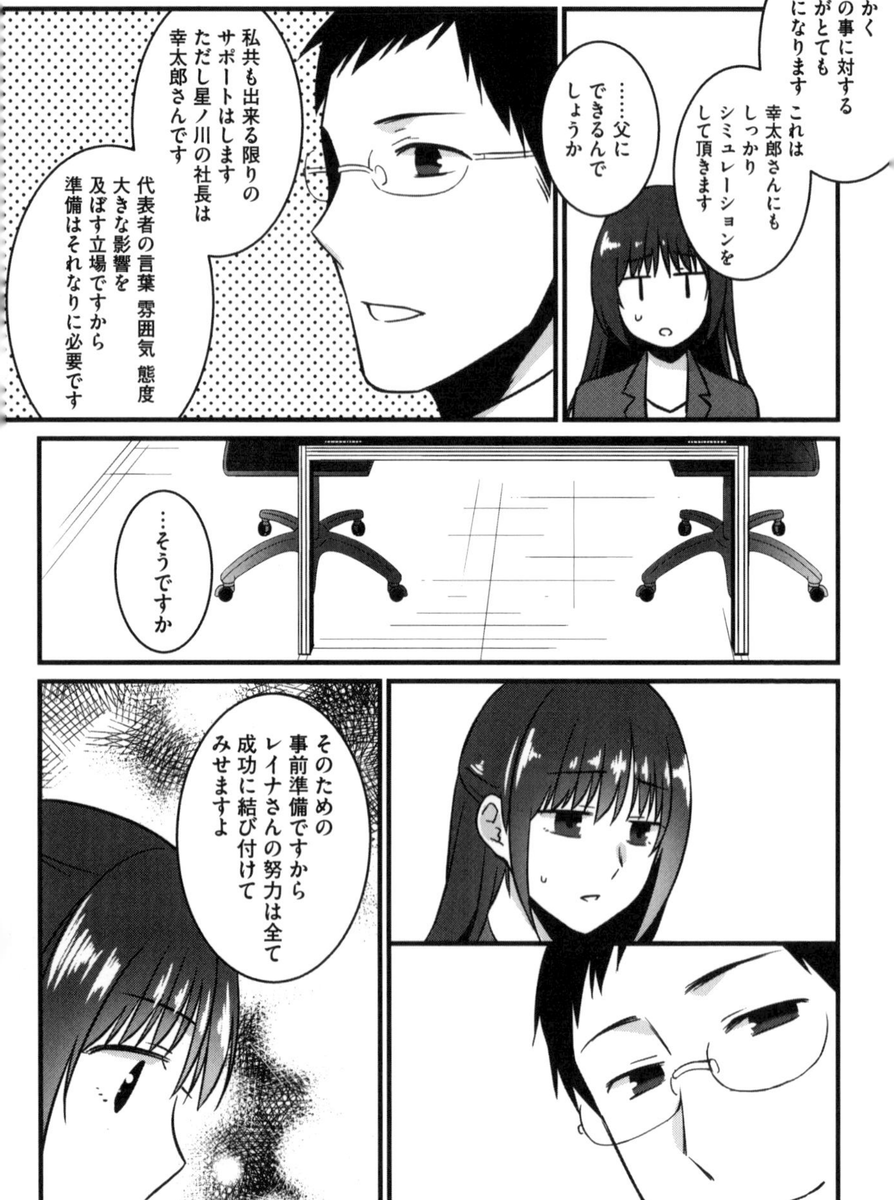

とにかく全ての事に対する対応がとても大切になります
これは幸太郎さんにもしっかりシミュレーションをして頂きます
……父にできるんでしょうか
私共も出来る限りのサポートはしますただし星ノ川の社長は幸太郎さんです
代表者の言葉 雰囲気 態度大きな影響を及ぼす立場ですから準備はそれなりに必要です
…そうですか
そのための事前準備ですからレイナさんの努力は全て成功に結び付けてみせますよ

わかりました
私も出来ることを頑張ります
星ノ川と第一候補の伊藤フーズの結納まであと少しです
レイナさん頑張りましょう！
基本合意契約式

酒
買収監査
はぁ……どうすればいいのかな

あんまり詳しくは聞いてないんだけど…結局どういうところが問題なんだ
伊藤さんからも株の問題は家の中で解決しておいてほしいって言われてるんだよね…
〈結城家の星ノ川株式相続状況〉
祖母（没）
祖父（没）
母
幸太郎
弟（没）
早苗（叔母）
レイナ
星ノ川株式50%
星ノ川株式50%
お家騒動みたいなもんだし外側からは触れづらい部分だよな確かに内輪で解決してくれって感じだ
株式の100%譲渡かぁ……
一般的です
みんなは何て言ってるんだ？
……それがね

株を譲ってくれって俺が早苗さんに頭下げろってのか!?
どの面下げて今さらそんな事が言えるってんだ!
父さん落ち着いてよ!謝るんじゃなくてお願いするだけでいいから!
同じ事だろうが!そんな真似できるわけねえだろう!
期限…迫ってるし……本当どうしよう
はぁぁあ～～

なぁ 俺とレイナで話しに行くのはどうだろう
え？ 私と裕太で行くって…早苗叔母さんの所に？
そう 俺達が結婚して星ノ川酒造を継ぐことになったから株を譲ってほしいってさ
ええ…？ それ嘘をつくってこと？
嘘も方便って言うだろ？
仲違いをしてるのは幸太郎さんと亡くなった叔父さんだったわけだろ？ レイナには何の関係もない話だ
全く関係ないわけじゃないよ 血の繋がりはあるわけだし父さんの娘ってだけで嫌われてるもん
親の代で喧嘩してたとしても子供相手なら許してくれるんじゃないかな
随分と昔の話みたいだし改めて話してみてもいいんじゃないかって俺は思うけど
うーん そうかなぁ…？

期限近いんだろ？可能性がある方法に賭けるしかないいんじゃないか？
二人は気にしなくても大丈夫よ
え？でも……
この件はお母さんに任せて頂戴
ええっ！ほ本当にっ⁉
お母さんどんな手を使ったの……？

ふふっ
知りたい？
うん だって
父さんの話を
聞いた限りじゃ
難しいだろうなって
思ってたから
早苗叔母さん
一人で生活が
大変だって
聞いてたの
お金が必要なら
ただタンスで眠ってるだけの
株を換金できるこの話に
きっと乗ってくれると思って
そうだったんだ
母さんお手柄ね！

Chapter 5-1

買収監査は、静かな戦争!?

基本合意も終わって、あとはもう大丈夫。そう思うかもしれませんが、残念ながら大間違いです。

この後、最後の山場である買収監査が控えているのです。

買収監査が重要なのは、指摘された内容は、基本的にすべて考慮し、最終的に条件交渉の末、契約に反映されることが前提だからです。

しかも今までのステップとは違い、買収監査では初めて、監査法人のような一方の側に立つ専門家が登場します。

今までの交渉のフレームを崩さない中で、**可能な限り正確にリスクを洗い出せるよう、事前に準備しておくことや目的・方向性を一致させておくこと、相手方の指摘に対し素早く反論・対応すること**など、M&A専門家の腕が問われる場面だといっていいでしょう。

ここで大事なことは、売り手側としては、とにもかくにもしっかりと準備をしておくことです。またか、と思われるでしょうが、買収監査の準備は案件化とは一捻り違うのです。

単に資料をコピーすればよかった案件化と異なり、一定の基準日を決めて、その日時点での時価の貸借対照表や損益計算書を準備しなければいけません。これが曲者《くせもの》で、基準日に合わせた資料を作らなければならないので、案件化よりもどうしてもうひと手間かかってしまうのです。

実は、自分の会社に忍び込む、なんて漫画みたいなことは、買収監査のほうがよくあるのです。

一方買い手にとって大事なことは、ここで話を壊さずに、しかしちゃんとした監査ができるよう細心の注意を払うことです。

買収監査は、売り手に非常に大きな負担をかける行為です。

ましてや痛くもない腹を探られるわけですから、いくら必要な手続きといっても面白いはずがありません。

また、この時期、監査法人などの見知らぬ人が出入りし、多くの資料のやり取りがあるため、秘密の漏洩も起こりやすくなるのです。

本編でも社長が思わず怒り出すくらい、本当に気を揉《も》むことが続くのが買収監査です。

なるべく短期間で、少人数で済むよう、売り手買い手が協力しなければ、買収監査の成功はおぼつかないということをぜひ覚えておいてください。

M&Aはトラブルがいっぱい そんなときどうする？

好事魔多しといいますが、一見順調に進んでいるように見えるときほど、実はトラブルの種を見逃しており、後でそれが大爆発することが多いものなのです。

それはM&Aも一緒です。

まずよくあるのが、きちんと案件化をしなかったために、後から問題が発覚するケース。特に多いのが、**既存不適格建物、土壌汚染、境界未確定、アスベスト、消防法違反などの不動産**に関わること。**デリバティブなどの金融商品**のこと。それに**税金の追徴、未払い賃金など帳簿に載っていない支払い**のことなど。

難しく聞こえますが、これらの多くはちゃんと案件化をしていれば大部分が回避できるものばかりなのです。本編であれほどクドクドと案件化について、レイナが井上に説教されていた意味がお分かりいただけるでしょう。

次に本編でもあった株式に対するトラブルや情報漏洩などの当事者以外が絡むトラブルです。本編ではレイナの母親が見事な火消しぶりを見せていましたが、このように事前に問題の所在さえ分かっていれば、後は解決のシナリオを練ることに全力を挙げることができるのです。

逆に問題があるからと言って隠したり、後回しにしたまま、後で実は……とやっても、もう手遅れです。第三者が絡むトラブルは当事者だけでは解決できませんから、売り手買い手ともに知恵を出し合って、十分なシナリオのもとに解決の方法を考えるべきなのです。最後に、顧客の剥落や社員の離散、店舗や権利の継承など、M＆A後の引き継ぎで起こるトラブルです。

これは買い手にとって一番恐ろしいトラブルのため、つい事前に社員の面談や取引先への打診をしてしまいたくなるのですが、それは絶対にやってはいけません。

むしろ最初の引き継ぎこそ、買い手が、社員や顧客にきちんと向かい合って雇用や取引の継続を訴える唯一絶好のチャンスなのです。

最初に自分で汗をかかなければ、やがて何かのきっかけで相手は離れていくものです。

引き継ぎは、売り手と買い手の最初で最後の共同作業です。この共同作業を成功させるよう互いに努力することが、M＆A後のトラブルを避ける最善の方法だということを肝に銘じてください。

column 5

レイナの、もっと教えてM&A⑤

『知りたい、買収監査』

COLUMN

レイナ

井上

「もーう、買収監査ってこんな大変だと思わなかった！　それに揃える資料多すぎ！」

「レイナさんにはご負担をおかけしてすみません。多くの買収監査は一定の基準日を起点に監査を行うので、事前準備が結構大変なんです。直前になって慌てないためには、あらかじめ以下のような作業をしておくと、スムーズでいい監査が行えるようになります」

①会計事務所に依頼して、基準日現在の試算表をつくってもらう。または一番新しい試算表の日付を基準日にする。

②試算表だけでなく内訳明細書をつくってもらう。なければないで何とかなるが、あったほうが効率がアップする。

③銀行に行き、前日分までの記帳を済ませておく。

④定期預金、定期積金は銀行に依頼して基準日現在の残高証明をとっておいて

井上　レイナ

もらう。

⑤生命保険は基準日現在の解約返戻金を保険会社に問い合わせして教えてもらう。

⑥株や土地の権利書などの現物を準備しておく。もし基準日までに売ってしまっていたら、売った値段と数を書き出しておく。

⑦総勘定元帳、補助元帳はあらかじめコピーをとっておくか、現物、またはデータをすぐ出せるような形で準備しておく。

⑧小切手、手形の現物、手形帳などもすぐ照合できるようにしておく。

⑨株主総会議事録、取締役会議事録もきちんとまとめていつでも参照できるようにしておく。

「ふう、こうしてみると、やっぱり結構大変ですね」

「ただ、実際には案件化のとき準備をしたもので流用が効く項目もたくさんありますし、財務データは会計ソフトで管理している場合がほとんどですから、一から揃えるよりは楽なはずです。とはいえ買収監査の日程が決まったら、速やかに準備を始めたほうがいいでしょうね」

Chapter

6

まさか？
お父さんが
マリッジブルー!?

父さん
聞いてる?
ん?
おおう
聞いてるよ

来週 井上さんも来るから その時に書類の不備を チェックしてもらって——
その日はダメだ 都合が悪い
え？
若センセイにゃ 悪いが 日を改めてくれ
あ ちょっと…！

マリッジブルーかもしれませんね
花嫁が憂鬱になるっていうアレですか？
ええ
幸太郎さんの様子はまさにそれです
M&Aの成立直前になると売り手の社長さんは幸太郎さんのようになってしまう方が多いんです
長年育ててきた会社の未来を託すわけですから
本当にこの相手でいいのだろうか
本当にこの決断で間違っていないのか
答えの見えない迷いに陥ってしまうんです
ある種のノイローゼに近い症状
……結婚を前にした新婦のようになってしまうんです

あの…
そういう時は
どうすれば
いいんですか?
そもそも
なぜM&Aを考えたのか
原点に立ち戻る事が
大事ですね
はもう爺さん達と
には入れねぇ
原点……
本当に星ノ川が
残るのか?
え?
私が幸太郎さんと
お話ししてもいいのですが
今回の件の原点は
レイナさんです

一度
お父様とゆっくり
話してみては
どうですか？
ゆっくり話すって……
私 父さんと何を
話せばいいのかな……

ねぇ父さん ちょっと 付き合ってほしい所が あるんだけど
あん？ 何だよいきなり
いいから いいから はぐれないように ちゃんとついてきて？
お前 父親に向かって…！ はぐれるわけねぇだろ って……おお…っ!?
ああもう 何やってるの！ すみません！
悪いかっ！ 大体ここは人が 多すぎるんだよっ！

ここ
伊藤さんが経営する
お店だよ
ほら 写真で見せて
もらったでしょ？

…ああ
そういや見覚えが
あるな！
ウソついて
どうするの
……ホントに
置いて
あるんだな
美羅
ほら 父さん
乾杯！
お おう…！

……やっぱ美味いよなぁ

え?
くいっ
『美麗』は俺の
最高傑作だ
こいつは誰に対しても
胸を張って言える
俺の夢はな
俺の造った酒で
みんなが笑ってくれる
ことなんだよ

美味い 美味いって…赤い顔して笑ってよ
最後の一口を奪い合って喧嘩が起こるそんなところが見てぇんだ
そう思って何年も何十年も……
こいつと向き合って酒を造り続けてきた
だけどよ実は外で『美麗』を飲むのは……今日が初めてなんだ
ええっ⁉ そ そうなの！もう何十年も造ってるんでしょ⁉

美麗
俺はよ…自慢じゃねぇが酒を造るのは得意でも商売はヘタクソなんだよな
ちょっとでも気に入らねぇことがあると『お前には売らねぇ』の一点張りでよ ははは…そりゃ先細りもするってもんだな
昔っから夢は変わってねぇのに…自分で夢の叶え方を間違えてたのかもしれねぇな 俺は……
父さん……

なぁ麗奈
こいつをもっと
沢山の人に飲ませて
やりたいよなぁ
……うん
伊藤さんならきっと
俺の夢を叶えてくれる
お前もそう
思わねぇか？
うん…
きっと
……ううん
絶対にそうだよ！
父さんの夢
叶うよ！
……おう
コツン

後は
幸太郎さんに最高の
結婚式をプレゼント
しなければいけませんね
……えっと
それはまだ
もう少し
先の話で…
いえ
レイナさんご自身の
結婚式もそうですが
幸太郎さんの
結婚式ですよ！
え？
それは
どういう…？
星ノ川酒造さんと
伊藤フーズさん
両社の結婚式を
執り行いましょう！

Chapter 6-1

誰でも必ず陥る罠 マリッジブルー

順調に進んでいるM&A交渉であっても、必ずどこかで迷い、そして決断をしなければならないときがやってきます。

特に基本合意手前から売り手側の不安は急激に高まり、買収監査前後にピークに達します。

本当にM&Aをしていいものだろうか？　もっといい相手がいるのではないか？　M&A価格が安すぎるのではないか？　M&Aをしなくてもだれかが継いでくれるのではないか？　この段階でさまざまな思いが交錯し、ときには全部を投げ出したくなる気分に襲われることがあるのです。

この売り手独特の心境を結婚式前の不安な心境になぞらえて〝マリッジブルー〟と呼ぶことがあります。

マリッジブルーは大なり小なりほとんど全ての売り手が経験することです。自分の娘を嫁に出すような気分だ、と言った社長もいましたし、自分の身体を半分に割って人に渡すような気持ちだと言った社長もいました。それほど最後の最後はどんな経営者でも心ゆれ、悩み苦しむものなのです。

逆に言えばマリッジブルーこそ、M&Aが企業同士の結婚のようなものであることの証だと言えますが、そう考えるとそもそも自分が結婚すべきなのかどうか、結婚相手が自分にふさわしいか否かを他人に相談して決めるというのも珍妙な話だと思いませんか。

相手との出会いはたいてい一度きりです。

人の出会いと別れと同様、**そのとき縁のなかった相手と何年もしてから再交渉する、というのは基本的に無理だと考えたほうがいい**のです。人間でも企業でも、機を逃したら同じ機会が巡ってくる確率は限りなく低いものです。

もしマリッジブルーに襲われたら、もう一度初心に立ち返って、なぜM&Aをしようと考えたのか思い返し、どうすることが会社にとって一番いいことなのか客観的に見つめなおしてみてください。

何十年も厳しい経営環境の中、生き残ってきた経営者は、機を見る独特の感性がある人が多いものです。最後の決断は人ではなく、自分を信じることです。

Chapter 6-2

知っておきたい最終契約のこと

さあいよいよ最終契約のときがやってきました。

ただでさえ難しい契約書ですが、M&Aの最終契約は一般の取引にかかわる契約書とは一風変わった点があります。それは〝**表明と保証**〟という条文の存在です。

たとえばほとんどの場合で最終契約書となる「株式譲渡契約書」は、何株の株式をいくらで誰それに売却します、という内容の契約書です。ところがこれをM&Aの契約書として考えるとどうでしょう。何か足りない気がしませんか？

そうです。本当は会社を買ったのに、株式のことしか書いていないので、肝心の会社をどのような状態で買ったのかが全然分からないのです。

仮に後で簿外負債が発覚したとしましょう。しかし契約書には簿外負債があるともないとも書いていないのであれば、もしかしたら最初から簿外負債つきの会社の株式を買ったのだ、とみなされてしまうかもしれません。これでは恐ろしくて会社など買収できたものではありませんね。

そこで、M&Aでは通常の株式売買契約書にプラスして、会社がどのような状態にあるのかを保証し、もしそれが虚偽であったのなら損失を補填しますよ、という保証をする慣習が生まれました。これが〝表明と保証〟という考え方です。たとえばこんな感じです。

私が株主の会社は

①資本金1000万円で、200株の株式を発行しています。その全ては私が保有していて、他の株主はいません。

②帳簿に載っている以外の借入金はありません。

③借入金の保証人や借入金の抵当に入れている物件は以下のとおりで他にはありません。

こんな感じで20〜25項目ぐらいあるのが普通です。実際の最終契約書では、もちろん右記のような砕けた感じなど微塵もなく、法律文書として大変難しく恐ろしげな文句がずらっと並んでいます。しかし心配はいりません。実際には書かれていることはごく当たり前の内容だからです。この表明保証条項に一体何を入れ、どのように保証するのか。これが最後の最後に契約書をめぐって交渉すべきことなのです。

いざというときを考えての保証というのは考えたくもないことで、胃が痛くなるかもしれませんが、ここまで来ればゴールはもう目前です。

column 6

レイナの、もっと教えてM&A⑥

『最後の最後を乗り切るコツ』

COLUMN

レイナ

井上

「もう、最後の最後になって父さんはマリッジブルーになっちゃうし、本当にどうしようかと思ったわ」

「レイナさんも大変でしたね。ただマリッジブルーは多かれ少なかれ、どのＭ＆Ａでも起こることなんです。それだけではなく、最終段階では本当に色々なことが起こるんです。

たとえば、秘密漏洩が起こってしまってその対応に追われたり、株主の一部や社内のキーマンが反対してにっちもさっちもいかなくなったり、あるいはＣｏＣ（チェンジオブコントロール）条項といって店舗の賃貸借契約などに、株主の異動があったときは賃貸借契約の継続に大家さんの了解が必要だ、という条件があったりするのですが、肝心の大家さんが反対したりと挙げたらキリがないんです。

そもそも買収監査で指摘された条項を巡って双方が感情的になり破談する

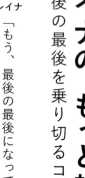

ケースもあります」

レイナ　井上

「そうなんだ。でも、そういうときは一体どうしたらいいのかしら」

「ちゃんと押さえるべきポイントを押さえれば、M&Aは思ったよりずっとスムーズに運びます。最終コーナーにさしかかったら、ぜひ次の5つのことを念頭に置いてほしいですね」

①交渉に当たっては、絶対に守りたいこと、譲歩できることを明確にしておく。
②客観的に自社の価値を捉え、不相応な夢を見ない。
③相手の立場に立って考えてみる。
④専門家と相談して、株式譲渡以外のさまざまなスキーム、方法も検討してみる。
⑤M&Aを決めたらもっと業務の向上に頑張る。

井上

「特に売り手の経営者がM&Aモードに入ると、緊張の糸が途切れて途端に業績が落ちてしまい、M&Aそのものに悪影響を及ぼすケースがあります。

　何度も結婚の話を出して恐縮ですが、結婚を前にした相手とのデートだったら本来普通の日以上に着飾り、めかしこんで、いい格好を見せようと思うのが普通ですよね。

　売り手もM&Aを前にしたらもっと頑張る、いや、これが自分の経営者人生の最後なのですから逆に持てるパワーの全てをつぎ込んで、経営に当たるべきなのです。
M&Aを決めたら、最後の力を振り絞って最高の業績をあげる。そのことが最終的にM&Aを上手くまとめるポイントにもなるのです」

Chapter

7

レイナと
美麗と
2つの結婚式

OLEMENTAL HOTEL
それでは こちらの書類に サインと捺印を お願いします

…はい
確認いたしました
幸太郎さん
お願いします
……おう
…っ!

父さん
今まで本当に
ありがとう
そして
お疲れ様
父さん
っ…麗奈
手紙書いて
きたの今から
読むから
…聞いてくれる？

結城さん 私たちからも メッセージが あります
っ…… え…?
これまで本当に お疲れ様でした この傑作『美麗』を含め 今後『星ノ川酒造』をさらに 発展させていきたいと 思います
長い間 本当に お疲れ様でした 今日の記念にこちらを 受け取って いただけますか?

…これは？
私がフランスのシャトーで買ってきたワインです
今日の日付とこっちは…んん？
これ何語だ？何て書いてあるんだ？
フランス語です『La prospérité éternelle』と読みます『永遠の繁栄を』という意味です

…そうか
俺は本当に幸せ者だな
6
2016
SUN MON TUE WED THU FRI SAT
1 2 3 4
5 6 7 8 9 10 11
12 13 14 15 16 17 18
19 20 21 22 23 24 25
29 30
1年後
OLEMENTAL HOTEL

あはは これって ……2回目だな
お父さん お母さん 今まで本当に ありがとう

お父さんとお母さんは
二人の娘を産んで
二人とも嫁がせるまで
立派に育てて
くれました
ザワ…
二人の娘……
それは
私と
星ノ川です
麗奈……

お父さんの自慢のお酒に『美麗』と名付けた理由…お母さんに聞いて本当に嬉しかった
……お前喋ったのか
さぁどうだったかしら？
恵比寿のお店でお父さんと二人でお酒を飲んであの時に飲んだお酒も『美麗』だったね
私あの日のことは一生忘れませんお父さんの夢を聞かせてくれたこととても誇らしく思ってます
夢？……私聞いたことありませんけど？
お前が忘れてるだけだ

二人の愛情で
私たちは大きくなる
ことができました
これからは
裕太さんと
……共に歩んで
いきます
ぱたっ
最後に……一言だけ
お父さん お酒は程々にね
元気で長生きしてください
……麗奈より

それでは皆様
テーブルの上を
ご覧ください
美麗
美麗
美麗
さぁ
始めましょうか
ええ!
さぁ
お義父さんも
おおお…?
ななになに?
何が始まるの?
今日はここに
幸太郎さんの育てた
二人の娘がいます

どちらも
甲乙付け難い美しさです
幸太郎さんはとてもいい
父親だったということです
やめてくれ…！
今日の主役は俺じゃ
ねぇだろうが……
まぁまぁ そう言わずに
みんな待ってますから
幸太郎さん
ようやく『美麗』で
乾杯する約束が
果たせますね
お覚えてたのかよ…！
若センセイには
かなわねぇな全く…！
それでは
裕太さんと麗奈さん
ご夫婦の幸せと
『美麗』の発展を
祈って！

『乾杯!!』

Chapter 7-1

晴れの舞台は何のため？契約式とディスクローズ

実はM＆Aは単に契約書に印鑑を押して、株を売ります、買いますという契約だけで成立するわけではないのです。

法律に定められた一定のプロセスを踏まないと、会社の所有権や経営権が移転しません。

このようにM＆Aを成立するためのプロセスを「**クロージング**」といいます。

例として一番多い、株券発行会社での株式譲渡のクロージングプロセスを見てみましょう。

①取締役会に事前に株式譲渡申請をする。
②取締役会は、株式譲渡を承認し、譲渡承認書を交付する。
③売り手と買い手はM＆Aの最終契約（株式譲渡契約書）を結ぶ。
④買い手は株式譲渡代金を売り手に支払う。
⑤売り手は代金と引き換えに株券を引き渡す。

⑥株券の引き渡しと同時に印鑑、通帳など会社の重要物品を買い手に引き渡す。
⑦買い手は株券と名義書換申請書を合わせて取締役会に提出し、株主名簿の名義書換申請を行う。
⑧新たな株主名簿を作成する。
⑨取締役会は、新たな役員を選ぶための臨時株主総会を招集する。
⑩臨時株主総会で買い手は新たな役員を選任する。
⑪取締役会を招集し、取締役の中から新たな代表取締役を選任する。
⑫新たな役員、代表印など登記を行う。

たくさんありすぎてちょっと頭がクラクラしてきましたね。M&Aの手法によってこの流れもだいぶ異なりますが、実際にはベテランのM&Aアドバイザーが流れに沿って、サクサクとこなしてくれるはずですから、心配する必要はありません。

契約式というのは、単なるセレモニーではなく、契約書の調印と同時に、こうしたクロージングをする場であるということを覚えておきましょう。

クロージングの後、いよいよ社員や取引先、銀行などにM&Aの事実を公表することができるようになります。これがM&Aの最後の山場です。

当たり前ですが、突然説明を受ける社員さんは不安でたまらないはずです。だから**契約後なるべく早い時期に、何より全員の前で社長の口から**お話しされるのがいいのです。人づてで伝わり、真意が伝わらないのが一番よくありません。社員全員に手紙をしたためられる方もいますし、買い手とともに社員発表に臨み、その後幹部との交流会を企画する方もいらっしゃいます。

なるべくわかりやすく、なぜM＆Aを決断したのか、社員や会社が今後どうなるのか、どうしたら正確に社員や周囲に伝わるのか考え、シナリオをきちんと立てて行いましょう。

終わりよければすべてよしです。思いのたけが余すことなく伝われば、会社の継承は思いのほか上手く進むものなのです。

あとがきにかえて すべてはここから始まる

一般の人が主催するイベントで人生最大のものといえばたいてい、結婚式でしょう。
それは一つのステージの終わりであり、そしてパートナーとともに歩む新しい人生の始まりでもあります。
ご両親だけでなく、今まで新郎新婦を支え、温かく包んでくれた多くの招待客の前で、新たな夫婦としての門出を告げ、出席者は夫婦の未来に幸あれと祝福して、新たな出発を見送るのです。
もちろん、結婚自体は、別にたいそうな式を行わなくても、役所に一枚婚姻届けを提出すれば成立しますし、現実にそういう夫婦もたくさんいます。
それでもなぜ、今に至ってもなお多くの結婚式が行われるのでしょうか。
それは一つの区切りとして、やはり結婚式が必要だからだと言えるかもしれませんね。
この本では中小企業のM&Aは人間の結婚のようなものです、とお話ししてきました。

そう考えると譲渡をするほうはお嫁さんのようなもの、逆に譲受側はお婿さんのようなものと言えるかもしれません。

結婚式の主役は間違いなく花嫁のほうです。

それは結婚によって人生のステージが大きく変わるのは一般的に花嫁のほうだからです。

その事情はM&Aでも全く一緒のことです。

会社が存続でき、さらに発展する素晴らしいM&Aであっても、譲渡企業の経営者にとってはやはり内心はさみしいものですし、また本当にこの相手でよかったのだろうかという迷いだってないとは言えません。

実際多くの会社を譲った経営者は、娘をお嫁に出したような心境だったと言います。

そうです、譲渡企業がお嫁さんなら、社長さんはそのお父さんのようなものなのです。

だから最近中小企業のM&Aでも、特別なイベントとしてまるで結婚式のような成約式を行うことが増えているのです。

シャンパンで祝杯をあげ、奥様やお嬢様が長年苦労して会社を経営してきた社長様へのねぎらいのお手紙を読んだり、あるいは会社を引き継いでいく買い手の代表からお祝いの品を渡す。
契約式というより、まるで本当の結婚式のようで、大の大人が思わず涙を流すことも珍しくありません。
そして、それによって心の区切りをつけ、今後新しい体制で歩んでいくのだ、という覚悟を決めることができるのです。
一方で、譲り受けるほうも、売り手社長の会社への思いに触れることで、襟を正し、引き継いだこの会社を立派に引き継ぎ育てていこうと、改めて決意することになるのです。
M&Aは決して物の売り買いではありません。
たしかに、大きなお金が動きますし、株式や土地・建物、機械設備など、実際にお金で売買されるものもあります。
しかし、たとえどんな大金を出しても買えないものがあります。
それは〝人〟であり、その気持ちです。
M&Aを成功させるコツは、安く買うことでも、高く売ることでもありません。

人の結婚と同じように、一緒になって幸せになれる相手と巡り合うことです。お互いに尊敬の念と同じビジョンを持って、力を合わせて発展することです。

それによって、たとえ会社を譲ったとしても、自分のやるべきことはやり遂げたという満足感を持って引退することができますし、社員も職場が守られ、さらに発展していくことで、公私ともに充実した生活を送れるようになります。

同時に買い手も、引き継いだ社員が前向きに働いてくれる環境を作ってこそ、初めて本当の相乗効果を得ることができるようになるのです。

こうした引き継いだ社員が前向きに働いてくれる環境を作り、一緒になって相乗効果を出していくプロセスのことを英語で、**PMI（Post Merger Integration）**といいます。

残念ながら、日本ではM&Aについては関心が高くなってきたものの、PMIについてはおざなりになっていることが少なくありません。

そういう意味では、成約式というのはM&Aのゴールであるとともに、PMIの始まりでもあるのです。

千里の道も一歩からといいます。
M&Aで成功するための道のりは、すべてここから始まるのです。

2017年2月

大山 敬義

FAX 相談シート

FAX　03-6689-1462

日本M＆Aセンター　行

相談者名（役職）	様　（　　　）
会社名	
相談内容	
連絡方法（ご都合のよい連絡方法をお書きください）	

※ご記入いただいた内容につきましては日本 M&A センターからの各種サービスのご提供･ご案内にのみ使用し、厳重に保管･管理、および廃棄いたします。

【著者紹介】

大山 敬義（おおやま・たかよし）

株式会社日本M&Aセンター常務取締役。日本M&Aセンターの設立に参画。同社初のM&Aコンサルタントとなる。以来25年以上にわたり、100件以上のM&A案件の成約実績を持つ。後継者難による中小企業のM&Aによる事業承継の仲介、コンサルティングおよびグループ内外の企業再編手続きのほか、M&Aを活用した企業再生コンサルティングも手がける。著書に『社長！あなたの会社、じつは……高く売れるんです‼』（すばる舎リンケージ）など。商工会議所、金融機関ほか講演多数。

まんが　　　：八木《やぎ》 ふたろう
まんが制作　：鎌田 聡（クリエンタ）
ブックデザイン：藤塚 尚子（ISSHIKI）

まんがでわかる オーナー社長のM&A

2017年 2月25日　　第1刷発行

著　者　　大山　敬義
発行者　　八谷　智範
発行所　　株式会社すばる舎リンケージ
〒170-0013　東京都豊島区東池袋3-9-7　東池袋織本ビル1階
TEL 03-6907-7827　FAX 03-6907-7877
http://www.subarusya-linkage.jp/
発売元　　株式会社すばる舎
〒170-0013　東京都豊島区東池袋3-9-7　東池袋織本ビル
TEL 03-3981-8651（代表）　03-3981-0767（営業部直通）
振替 00140-7-116563
http://www.subarusya.jp/
印　刷　　株式会社シナノ

ISBN978-4-7991-0516-0